2040年の日本が直面する危機と"希望"

「働き手不足1100万人」の衝撃

古屋星斗+リクルートワークス研究所

プレジデント社

はじめに

2040年に1100万人の働き手が足りなくなる

横並びで堰《せき》を切ったように進む賃上げ、現業系のサービスを中心にまったく収まる気配のない人手不足、あの手この手で採用難を乗り越えようとする企業や自治体の奮闘――。

人手不足を直接・間接的に報じるニュースを目にしないことはないし、身のまわりのサービス水準の低下やトラブル、事故の発生などを肌身に感じることも増えてきた。

日本社会に何が起こっているのか、何かが起こっているのではないかと感じたことはないだろうか。

われわれリクルートワークス研究所では、日本社会が構造的な人手不足に陥るのではないかという危機感のもと、2023年3月に「未来予測2040――労働供給制約社会がやってくる」という報告書を発表した。このまま「座して待つと何が起こるのか」という将来像を明確にすべく、私たちは労働の需要と供給の観点からシミュレーションをおこなった。

シミュレーションの結果、浮かび上がってきたのは、衝撃的な日本の未来の姿だった。

2040年に日本では、1100万人の働き手が足りなくなる――。

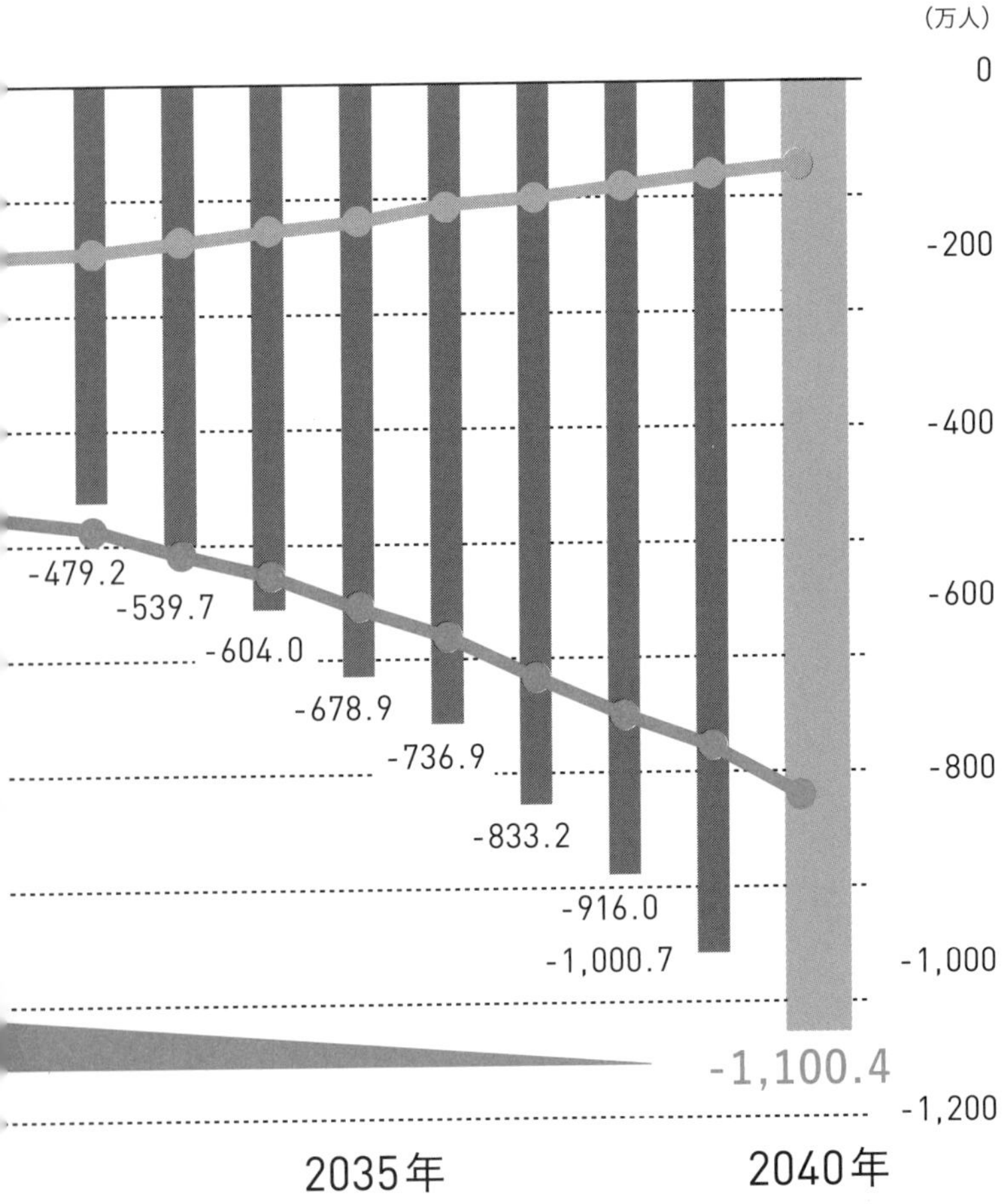

出典：リクルートワークス研究所, 2023,「未来予測2040」

図1：労働需給シミュレーション

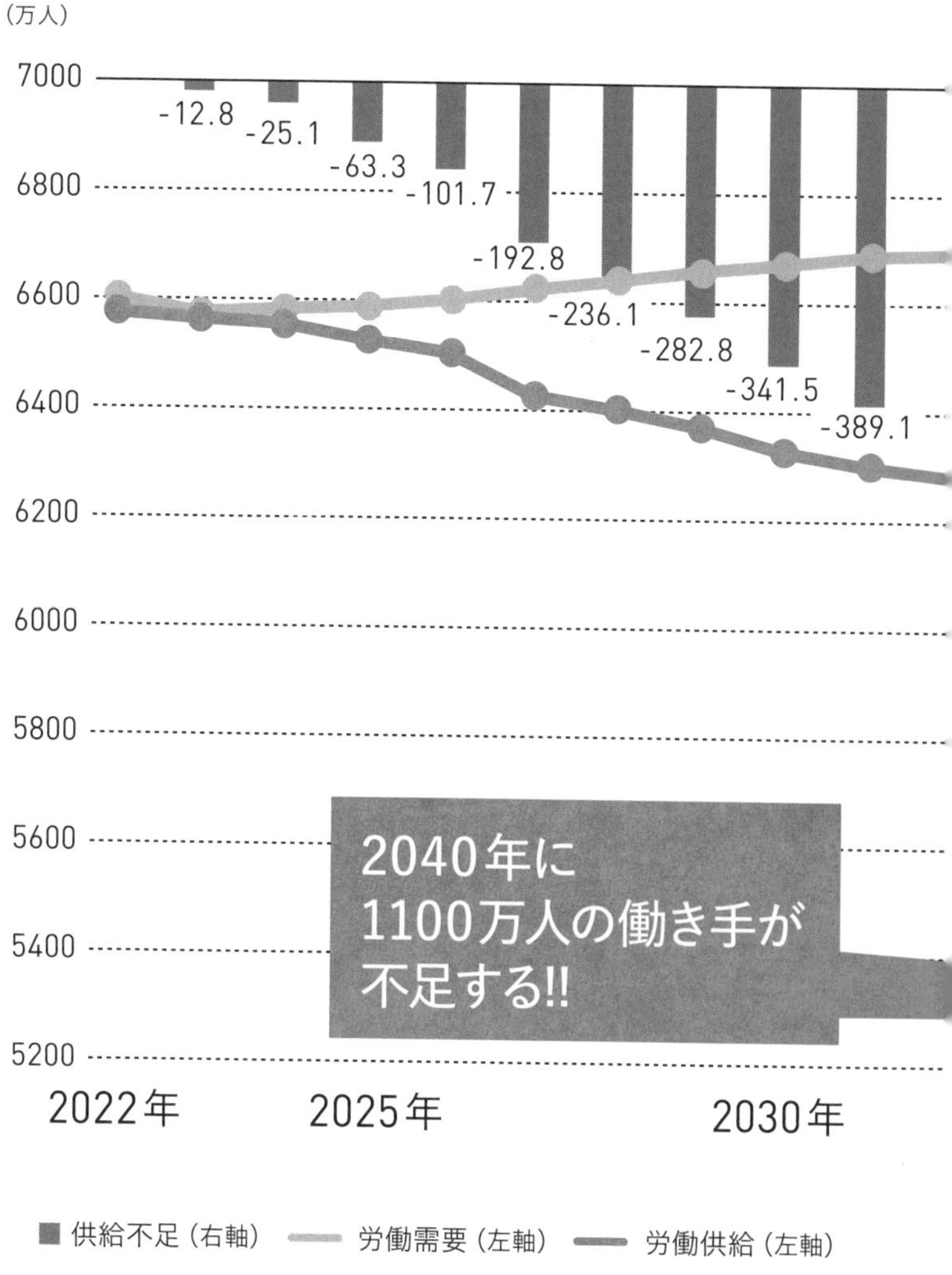
(万人)
7000
6800
6600
6400
6200
6000
5800
5600
5400
5200
-12.8
-25.1
-63.3
-101.7
-192.8
-236.1
-282.8
-341.5
-389.1
2040年に
1100万人の働き手が
不足する!!
2022年
2025年
2030年
供給不足（右軸）
労働需要（左軸）
労働供給（左軸）

働き手が足りないというニュースは多くの人が耳にしているが、**これから起ころうとしている「人手不足」は、これまでの単なる「人手不足」とは異なるのだ。**なかでも最も懸念されるのは、私たちの生活を支えている「生活維持サービス」の水準低下、そして消滅の危機である。

たとえば、業種別の労働需給シミュレーションの結果を見てみると、2040年には介護サービス職で25・2%、ドライバー職で24・1%、建設職で22・0%が不足することがわかった。

すると、どうなるか。

日本に住むすべての人にとって「大変だなあ」ではすまない。

老いた親の介護サービスが、前日の夜や当日の朝に急に「スタッフの確保ができない」という理由で受けられなくなる。そうなると、働き盛りの家族が介護をしなくてはならない。宅配便の遅延が当たり前になり、買い物に行くために行き来をする時間も増える。ドライバー不足でコンビニやスーパーの商品の補充も毎日はされないかもしれない。さらに、建設現場の人手不足で地方の生活道路が穴だらけになってしまう。すると、買い物や通勤に行くための時間も長くなり、生活がさらに大変になっていく――。

詳しくは本文に書いていくが、人口動態に基づくシミュレーションは最も確実な未来予測とも言われ、「座して待てば」日本社会が高齢人口比率の高まりによって、今後10年から15年かけてこうした局面に至るのはほぼ間違いないと考えられる。現在起こっている、さまざまなエッセンシャルワークや現業の仕事における著しい人手不足は、その入り口にすぎないのだ。

これまでの人手不足問題は、後継者不足や技能承継難、デジタル人材の不足といった産業・企業視点から語られてきたが、これから訪れる人手不足は「生活を維持するために必要な労働力を日本社会は供給できなくなるのではないか」という、生活者の問題としてわれわれの前に現れるのだ。

「みなが無人島に住むような」社会

話は変わるが、とあるテレビ番組で、無人になってしまった故郷の島に1人で何年も住んでいるという男性が特集されていた。仕事を引退したあと島に移住したそうで、故郷で過ごした少年時代を思い出しながら日々暮らしているという内容だった。

美しい島の海や自然を眺めながら、さぞ悠々自適の生活なのだろうな、と私は素直に思った。この番組を観た多くの人がそう思うだろう。自然に囲まれた島での暮らし、街の喧騒もなく、空気も美しく、人間関係に煩《わずら》わされることもない。番組のスタッフは視聴者のそうした気持ちを先読みしたかのように、「自由な暮らしで、さぞ日々ゆっくりした時間を過ごしているのでしょうね」と男性に問いかけた。ところが、男性が次のような答えを返したのは、その番組を観ていた多くの人にとって意外だっただろう。

「じつは、朝から晩まで休む暇なく働いているんですよ」

私たちはみな、他者の労働を消費している。そのことを、「共生」と呼んだり、「互酬《ごしゅう》」と言ったり、「人はみな生かされている」と感じてみたりする。しかし、単なる建前や信条ではなく、そのありがたさを本当に実感する社会がすぐそこに迫っている。

まわりに頼れる人がほとんどいない離れ小島で、ほかの人の労働の力を借りずに日々を送ろうとしている男性の生活は、そのことをありありと表しているように思う。ごはんは自分でつくり、足りない食料品や生活用品を街まで買い出しに行き（無人島なので当然、モノを運んでくれる物流業者などいない）、家のまわりの道が壊れれば自分で補修する。私たちが日々の生活を送るうえで他者の労働の恩恵を受けられなければ、生活するだけで「休む暇もなくなってしまう」のだ。人はほかの人の労働や仕事に頼ることができないと、生活だけで精一杯になるのだ。

労働供給制約時代の危機と希望

報告書のシミュレーションが示す、必要な働き手の数を供給できなくなる「労働供給制約社会」は、いわば「みなが無人島に住むような」社会だ。社会で生きる人の生活を維持するために必要な担い手の数が、確保できなくなってしまうのである。

原因は人口動態の変化だ。高齢化による労働需要の増加と、著しい働き手不足が多くの問題を引き起こす。その最大の問題が、人が生活の維持にかける時間が増え、結果として生活に一杯いっぱいで仕事どころではなくなってしまうことである。

この報告書は発表してからテレビや新聞にも数多く取り上げられ、非常に大きな反響があった。講演などに呼ばれる機会もあり、報告書で取り上げた2040年の日本社会をデータを用いて詳《つまび》らかにしていくと、以下のような感想をいただくことがある。

「日本の未来が絶望的すぎる」
「ショッキングな内容でした」
「未来におののいてしまった」

なかには「詰んでいる感じがして絶望した」という感想もあった。これから紹介する日本の未来像がリアル過ぎて、またもしかするとその一部をすでに体感していることもあって、とくに問題意識の高い人たちにはショッキングな内容になっているかもしれない。

ただ、ネタバレになるかもしれないが一点だけ「はじめに」の最後で申し上げておく。私は、

労働供給制約下の日本は、じつはさまざまな新しい可能性に満ちあふれる社会になるかもしれないと考えている。それは私たちが実施したシミュレーションの結果に、いくつかの普遍的な原理原則を組み合わせて考えれば自ずと導かれるのだが、詳細は本書を読み進めていただきたい。

座して待てば確実に直面する「生活に一杯いっぱいな社会」を回避するために、私たちはどのような手を打つことができるのか。

大きな危機に際して、すでに日本社会に芽吹きはじめている4つの打ち手。本書の後半ではこれらを紹介し、労働供給制約のなかで持続可能で豊かな社会をつくるための方向性と解決策を提案する。

労働供給制約社会という「危機の時代」を「希望の時代」にするために、私たちは本書の筆をとった。

目次

CONTENTS

第2章

都道府県別＆職種別 2040年の労働需給予測

第3章

生活維持サービスの縮小と消滅

第4章 働き手不足の最前線・地方企業の窮状

第5章

働き手不足を解消する4つの打ち手

第6章

解決策❶ 徹底的な機械化・自動化

第7章

解決策❷ ワーキッシュアクトという選択肢

第10章 2040年の〃新しい〃働き方

第1章

働き手不足1100万人の衝撃

生活維持のための労働力がなくなる

少子高齢化が急速に進む日本。少子高齢化は、年金や社会保障、医療制度などさまざまな問題を引き起こすという議論がなされて久しいが、それにより私たちの暮らしにはどのような影響があるのだろうか。「少子高齢化で大変だ」とは言われるが何が大変になったのか、実際に肌で感じることはそれほど多くないのではないか。

では、少子高齢化の社会への影響は、どのような局面からはじまるのか——。

その話をする前に、コロナショックや国際情勢の急変など、「予測不可能な時代」に、なぜ未来予測に取り組む必要があると考えたのか、その背景からお話ししたい。

私たちリクルートワークス研究所では、これまでもおよそ5年間隔で未来予測シミュレーションを実施し、労働市場の状況・人と組織の関係性、そして働き方がどのように進化するかについての「未来像」を提示してきた。そして、今回の未来予測研究のスタートは、過去の研究であまり扱われてこなかった日本社会におけるある切迫した状況に、私たちが強い問題意識を持ったことに起因する。

それは、「労働供給制約」だ。

「労働供給制約」というのは、社会を維持するために必要な働き手の数を供給できなくなる、構造的な人手不足のことだ。「労働供給」というのは、働き手、担い手のことだ。対になる言葉は「労働需要」で、企業などが雇いたい働き手の人数だ。労働の供給をするのは個人で、個人は所得を得るためにその労働を需要主体である企業に売っている。それによって生活を成り立たせている。(1)

あまり言及されないが、社会の高齢化は著しい労働の需給ギャップ（供給の不足分）、需要過剰をもたらすと考えられる。

人は何歳になっても労働力を消費するが、加齢とともに徐々に労働力の提供者ではなくなっていく。この単純な一つの事実が、世界で最も速いスピードで高齢化が進む日本の今後に向けて、大きな課題を提示している。つまり、高齢化率が高まるということは、社会において必要な労働力の需要と供給のバランスが崩れ、慢性的な労働供給不足に直面するということだ。これを「労働供給制約社会」と呼ぶ。

これは、単なる人手不足論ではない。後継者不足や技能承継難、デジタル人材の不足などといった産業・企業視点からの問題だけではなく、「生活を維持するために必要な労働力を日本社会は供給できなくなるのではないか」という、われわれ生活者の問題なのである。

（1）清家篤、風神佐和子、『労働経済』、東洋経済新報社、2020、P29。

人口動態に起因する人手不足のはじまり

私たちが労働需給シミュレーションをおこなう必要があると感じた背景にあるのが、こうした日本社会が構造的な人手不足に陥るのではないかという危機感である。

「人手不足」「労働力不足」は、これまでもその時々に応じて報道されたり、議論がされたりしてきた。たとえば、65年以上前の1957年3月3日の日本経済新聞に次のような見出しの記事がある。

「表面化した労働力不足　工事遅延の恐れ　とくに甚だしい技術者・熟練労働者」

この記事では、鉄鋼、造船、機械など産業ごとに状況を詳説している。産業別に原因はさまざまとしながらも、労働力不足の原因として記事では、

「好況の産業界が軒並みに増産を計画し、それと並行して工員の増員計画を立てたこと」
「設備投資も盛んになり、それにともない必要な高級技術者を必要とし出したこと」

の二点をおもに挙げている。1957年と言えば、日本経済が神武《じんむ》景気と呼ばれる好景気に沸いていた時期であり、それにともなう企業業績の拡大が労働力不足を引き起こしていた。

少しときを進めて、1988年12月13日の北海道新聞の朝刊には次のようなコラムがある。タイトルは「景気と人手不足」。

少し抜粋すると、「先週末に発表された日銀短観をみても、企業の業況判断、売り上げ計画、設備投資計画、いずれも前回を大きく上回っている。景気がまさに絶好調であることは間違いない。その一方で、人手不足がきわめて深刻となってきた」といったことが論じられている。ときまさに言わずと知れたバブル景気の真っただ中であり、「景気が絶好調である一方で人手不足がきわめて深刻」な状況を生んでいた。

この頃は、人手不足を背景に労働組合が春闘で4％、5％などというベースアップを求めていた時期でもある。1989年1月1日の日本経済新聞朝刊には「好景気下の89春闘、労組強気、5％獲得狙う——真価問われる連合」と題して、以下のように総括されている。「経営側は好業績で人手不足も深刻なだけに、守りの交渉を強いられそうである」

ポイントは、1990年代以前の人手不足論には好業績、好景気がペアになっていたという点だ。これは当たり前のことでもあり、企業業績がいいから仕事が増え、企業の人手が足りなくなり経営者が採用しようと考えるわけで、景況感と人手不足感がリンクしているのは当然でもあるし、肌感覚にも合っている。今あなたが感じた、「そんなの当たり前のことじゃないか」という感覚を、よく覚えておいていただきたい。

これが、2000年代頃より少しトーンが異なってくる。

たとえば、2007年7月20日の日経産業新聞には、人材サービス企業の拡大を報じた記事の中に以下のような論が見られる。

「団塊世代の退職や少子化に景気拡大による求人増が重なり、産業界では人手不足が加速」

ここでは、団塊の世代の退職や少子化、景気拡大による求人増という3つの理由から、人手不足が語られている。

この2005～2008年頃はリーマンショック前の景気拡大局面にあたり、介護業界の人手不足に対する待遇改善や、建設業界における外国人活用が中心に論じられているなど、特定業種における人手不足の改善について議論が起こっていた。

今ほどではないにせよ、人手不足感が高まった際に、団塊世代の退職や少子化といった人口動態が論じられるようになったのは2005年以降と考えられる。景気拡大に人口動態が重なって、人手不足が起こるようになってきたのだ。

景気はたいしてよくないのに人手が足りない

この人手不足感について、一つ興味深いデータをお見せしたい。2018年頃から労働市場の専門家たちの間で論じられるようになっていた、「景況感と人手不足感の乖離《かいり》」問題である。日本銀行は四半期ごとに企業を調査し、景況感などを発表している（「短観」）。その調査のなかで景況感（業況判断ＤＩ）と人手不足感（雇用人員判断ＤＩ）(2)を発表しており、２０００〜２０２３年の数値を次ページでグラフ化した（図２）。

ここからは、いくつかのポイントがあることがわかる。

●先ほどの記事で挙げた２００７年も含め、２０１４年頃までは急速な景気悪化局面を除いて景況感と人手不足感はリンクしている（線が重なっている＝景況感と人手不足感がだいたい一致している）。景気悪化局面があっても、その後リンクし直している

●２０１５年以降、景況感と人手不足感のリンクがなくなり乖離をはじめている。とくに２０１８年頃から急速に乖離しはじめている

●２０２０年のコロナショックによって景況感（業績判断ＤＩ）はマイナス30ポイント前後まで急速に悪化したが、これまでの傾向から景気後退のあとにはまたリンクするかと思いきや、２０２２年以降いっそう大きく乖離するようになった

（2）雇用人員判断ＤＩは本来、プラス値が充足、マイナス値が不足だが、次ページの図2では図の理解のため反転した数値を図表化した。

図2：全産業の業況判断と雇用人員判断

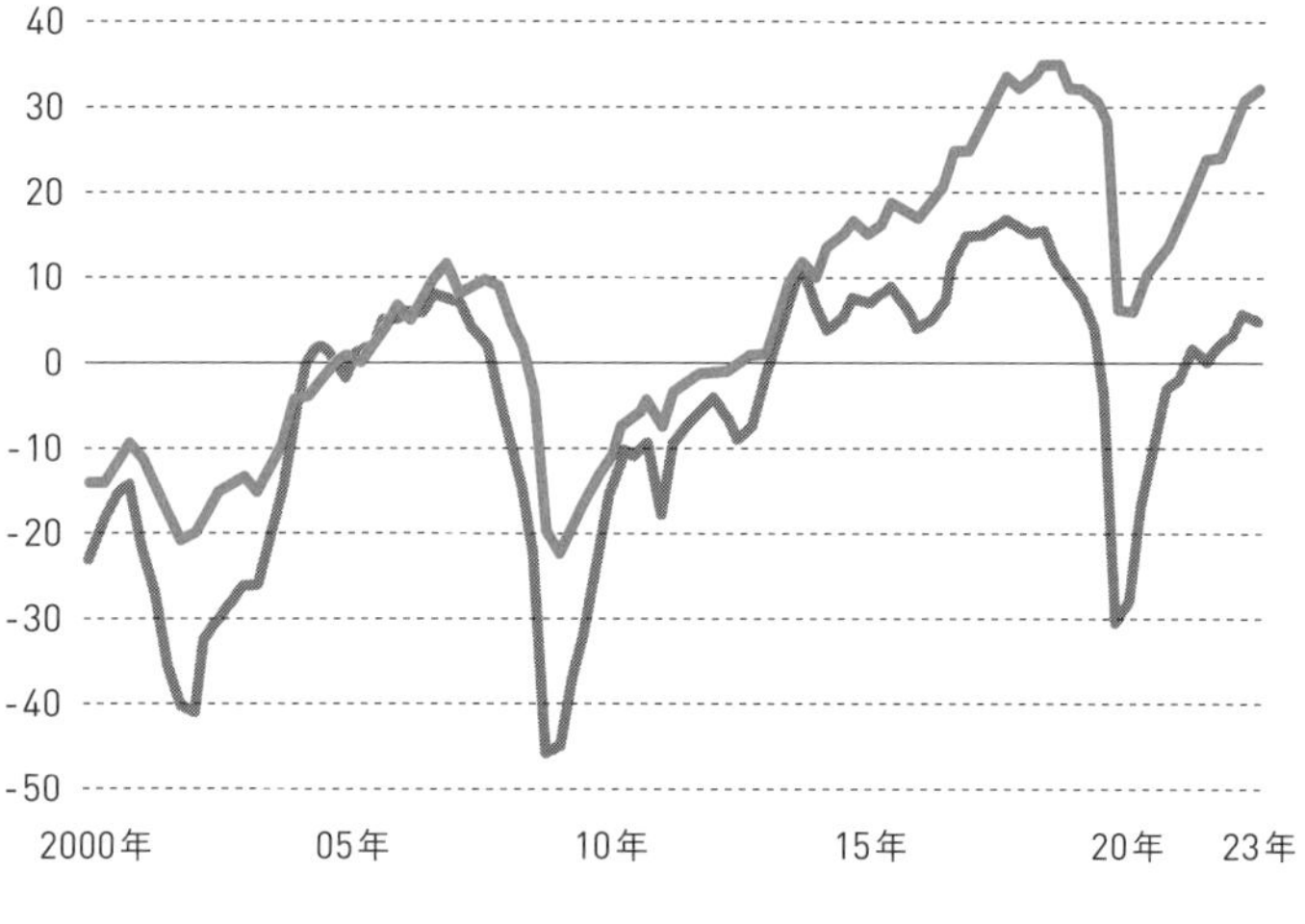

※数値は2023年３月の調査まで。

出典：日本銀行「短観」

結果として、2023年9月調査での景況感はプラス10と景気がややいいといった水準なのに対して、人手不足感（反転）はプラス33と、とてつもない数値となってしまっている。景況感と人手不足感とがかけ離れている、つまり、**企業の業績の状況がいいのか悪いのかとはあまり関係なく、人手が足りていない**という状況にあるのだ。

ここで、先ほど「覚えておいていただきたい」とした感覚を思い出してほしい。景気がいいから人が足りない――。どうだろうか、今でもその感覚は「当たり前」と言えるだろうか。

こうした摩訶不思議としか言いようがない労働市場の状況を理解するためのポイントは、もうおわかりだろう。人口動態の変化に起因する影響、つまり「この社会の維持のために最低限必要とする労働力の量を、日本社会が提供できなくなってきた」と考えられるのだ。要するに、**今起こっている、これから起ころうとしている「人手不足」は、これまでの「人手不足」ではない。**いわば、それは、次のように整理できる。

- **これまでの「人手不足」**
⇓景況感や企業業績に左右されて、需要の増減をベースとして労働者の過不足が決定する
- **「労働供給制約」**
⇓景況感や企業業績に左右されず、労働供給量がボトルネックになって発生する

単なる「人手不足」ではない――。

この点が理解できなければ、近視眼的な議論しかできないし、打ち手も即物的で的外《まとはず》れなものとなってしまう。「当たり前」が変わってしまったのだ。

労働供給不足の慢性化がもたらす危機

こうした労働供給制約社会においては全業種が平均的に人手不足になるのではなく、人手不足感がとくに高い業種が現れてくると考えられる。この際に最も懸念されるのは、「生活維持サービス」の低下、消滅である。

物流や建設・土木、介護・福祉、接客などの職種はすでに需給ギャップが顕在化しており、著しい人手不足に陥っていることはご承知だろう。ただ、これは「大変だなあ」ではすまない問題である。こうした職種の供給不足を放置しておくと、私たちの生活に深刻な影響を与える可能性があるためだ。

注文したものの配送、ゴミの処理、災害からの復旧、道路の除雪、保育サービス、介護サービス……。私たちが日頃恩恵を受けているあらゆる「生活維持サービス」は、すべて人の労働によって提供されているのだ。労働供給不足の慢性化は、これらが維持できなくなることを意味する。

先に述べたとおりコロナショックに国際情勢の急変など、世界は不連続で予測不可能な変化の時代に突入している。しかし、日本が労働供給制約社会になることはほぼ確実な未来である。それは人口動態統計という最も確実な予測ができるデータに基づくためである。15年後の社会における40歳は、今25歳の人にしかなれない。

人口構成が持つこの性質と、高齢化の進捗による労働需給バランスの変化という二つの事象は、日本社会の今後を占ううえで、確実かつ避けてはとおれない大前提なのだ。


その問題意識のもと、リクルートワークス研究所では「Works 未来予測 20XX」プロジェクトを結成。総力を挙げて、「この労働供給制約社会において何が起こるか」をシミュレーションし、生活面への影響を働き手の面から徹底的に具体化。労働供給制約を乗り越えて社会と生活が豊かに続く、未来の「働く」を発見するための調査・研究を実施した。

労働供給制約社会の予兆はすでに日本の各所で見られるが、もし現状のまま何のソリューションも実施されなかった場合には、以下のような問題が早晩、顕在化するだろう。

- 給料をいくら上げても必要な人を採用できない
- 採用するのに必要なコストが高くなりすぎて、必要な生活維持サービスが廃止される

●同様に、多くの生活維持サービスが水準を低下させざるをえなくなる
●必要な人手が足りないために、廃業せざるをえない企業が増える

こうした結果として、社会全体の経済活動の停滞・縮小が長期的に継続するとともに、生活を営むうえで必須のサービスすら維持できず、生活水準も低下する。また、**生活維持サービスに現役の労働力を回さざるをえないために、先端分野に対する人材供給が後回しになり、イノベーションがいっそう停滞する**という副作用が起こる可能性すらある。

20年で生産年齢人口は1428万人減

さて、高齢人口比率が高まるということは、社会において必要な労働力の需要と供給のバランスが崩れ、慢性的な労働供給不足に直面するということだが、前提となる日本の人口構成が今後どうなるのか、統計を見ておこう。

左ページの図では15~64歳の、いわゆる生産年齢人口と、65歳以上の人口（図3）、それぞれの5年前との増減幅（図4）を示した。

この結果は明確に、「現役世代のみがどんどん減少し、高齢人口はほとんど減らず増え続

図3：生産年齢（15～64歳）人口、および65歳以上人口の推移

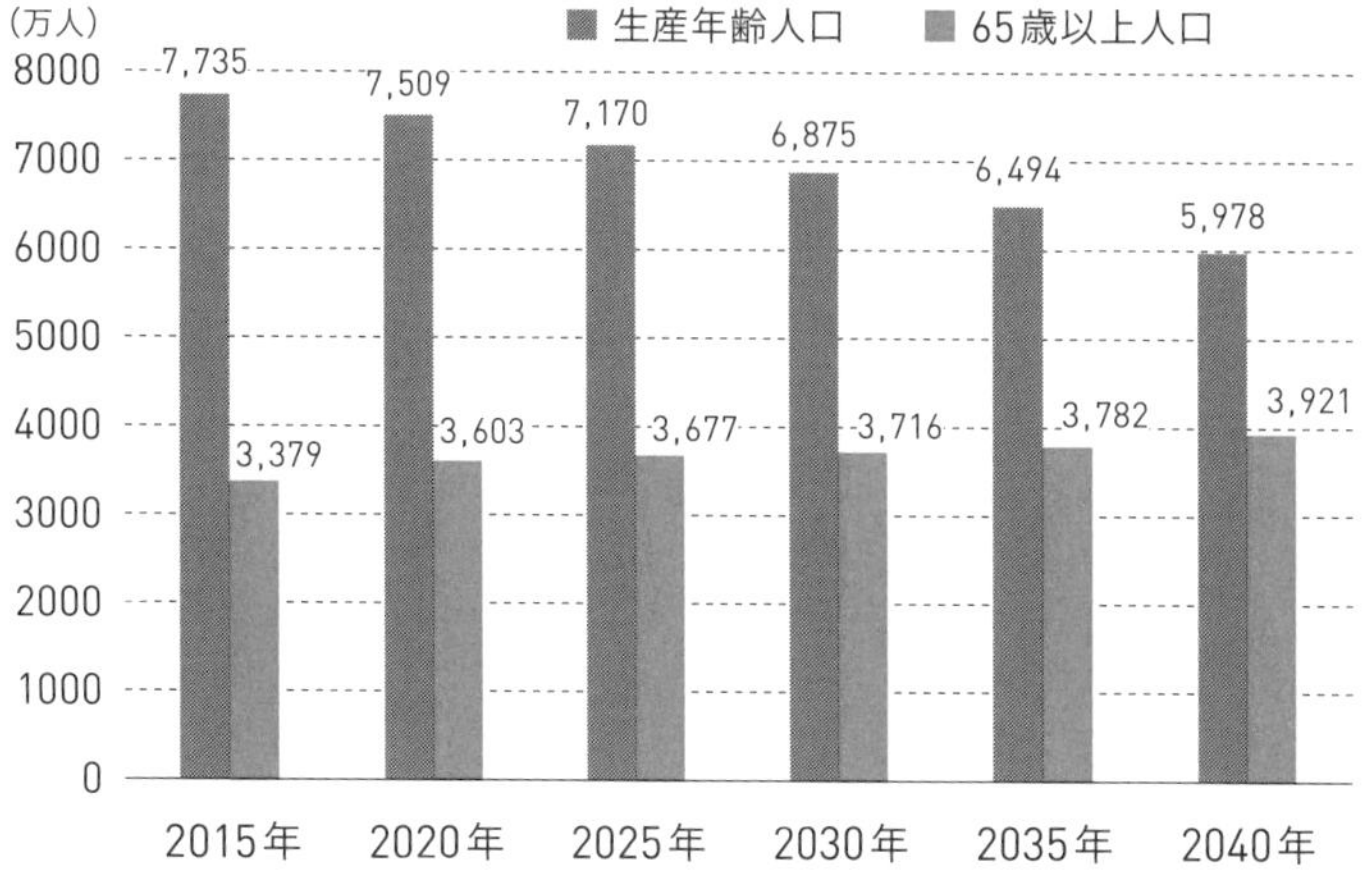

出典：2020年までは「令和2年国勢調査」、2025年以降は国立社会保障・人口問題研究所「日本の将来推計人口（平成29年推計）」の中位推計より

図4：生産年齢（15～64歳）人口、および65歳以上人口の増減数（各年5年前との比較）

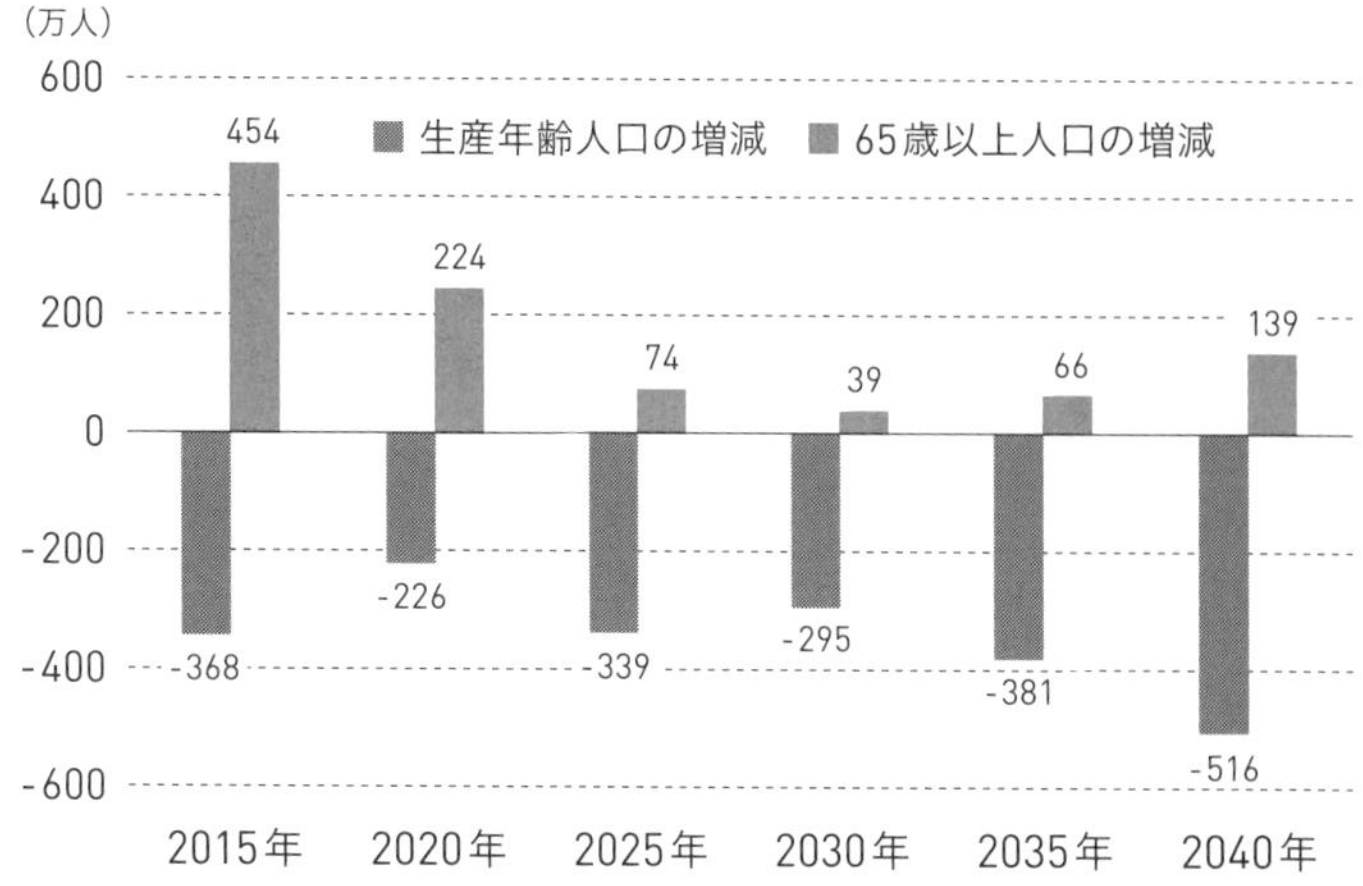

出典：2015年までは総務省「国勢調査」、2020年以降は国立社会保障・人口問題研究所「日本の将来推計人口（平成29 年推計）」の出生中位・死亡中位仮定による推計結果

ける」ことを示唆している。就労形態や働き方が多様化する時代にあるが、15〜64歳は今も昔も社会のおもな働き手であり、生産年齢人口における就業率は78・3%である（2020年）。この世代の人口が5年単位で数百万人ずつ減っていくのだ。そして、その減少スピードは2040年に向けてどんどん早くなっている。[3]

他方で、65歳以上の高齢人口の微増傾向が続くということは、生活に関係する労働の需要自体は増え続けることを意味する。ご存じのとおり、日本では2008年をピークに総人口の減少がはじまっているが、2020年を基準とすると総人口の減少と生産年齢人口の減少がほとんど同じ規模であることがわかる。**2040年には2020年と比べて、総人口が1523万人減るなかで、生産年齢人口は1428万人減る。**じつに減少幅の94%である（図5）。**これから日本社会が直面する人口減はすなわち、現役世代人口の減少によるもの**である。

結果として、日本社会の年齢構成は大きく変わろうとしている。2020年に58・7%だった生産年齢人口比率は、2035年には56・4%、2040年には53・9%まで低下する。他方で、65歳以上人口比率は2020年の28・7%から、2035年に32・8%、2040年には35・3%となる（図6）。

（3）就業人口総数は総務省「労働力調査」の基本集計・長期時系列表（年次）2020年の数値より、生産年齢人口総数は国立社会保障・人口問題研究所「日本の将来推計人口（平成29年推計）」の数値を用いて算出。図4も同様。

図5：2020年からの総人口および生産年齢人口の減少幅

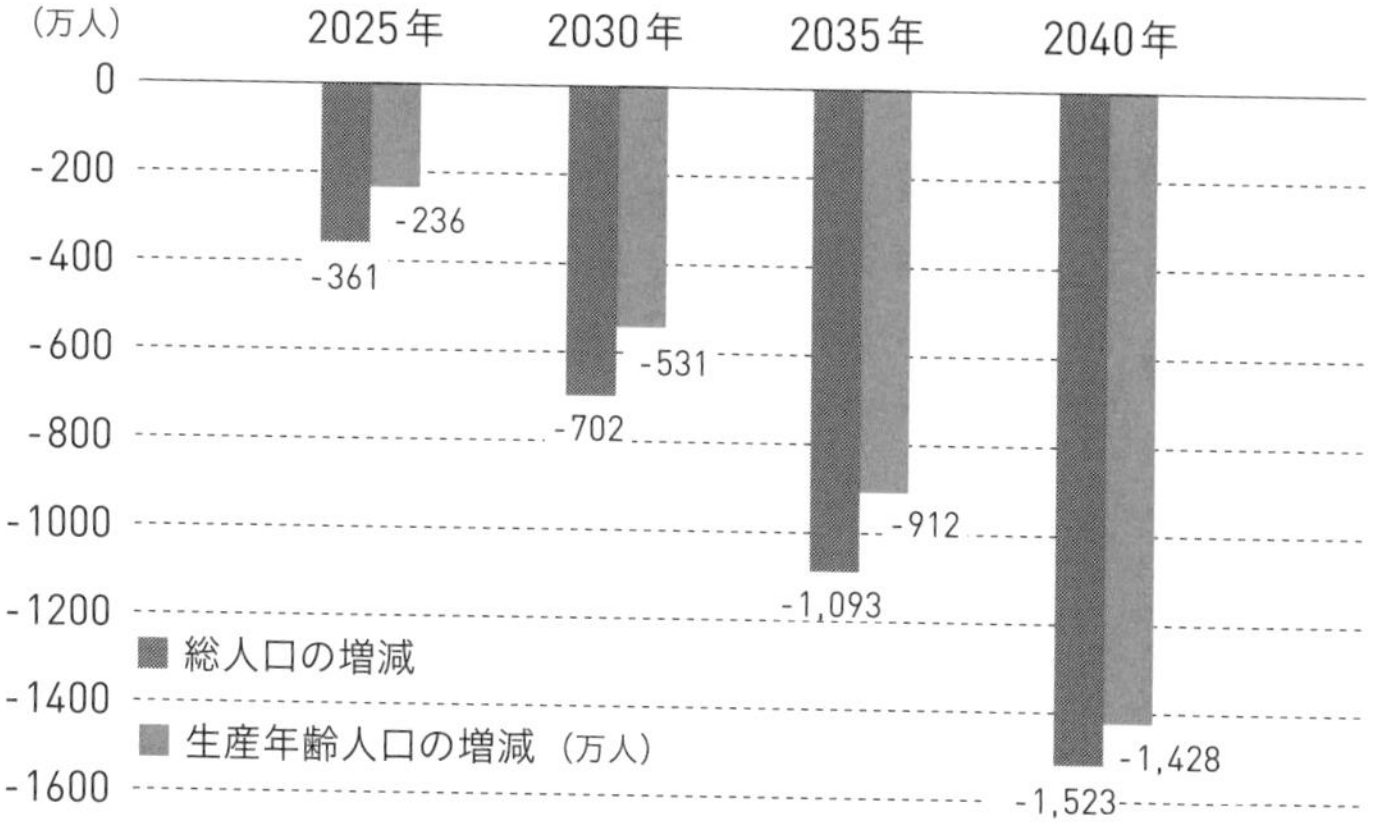

出典：2020年までは「令和2年国勢調査」、2025年以降は国立社会保障・人口問題研究所「日本の将来推計人口（平成29年推計）」の中位推計より

図6：人口全体に占める割合

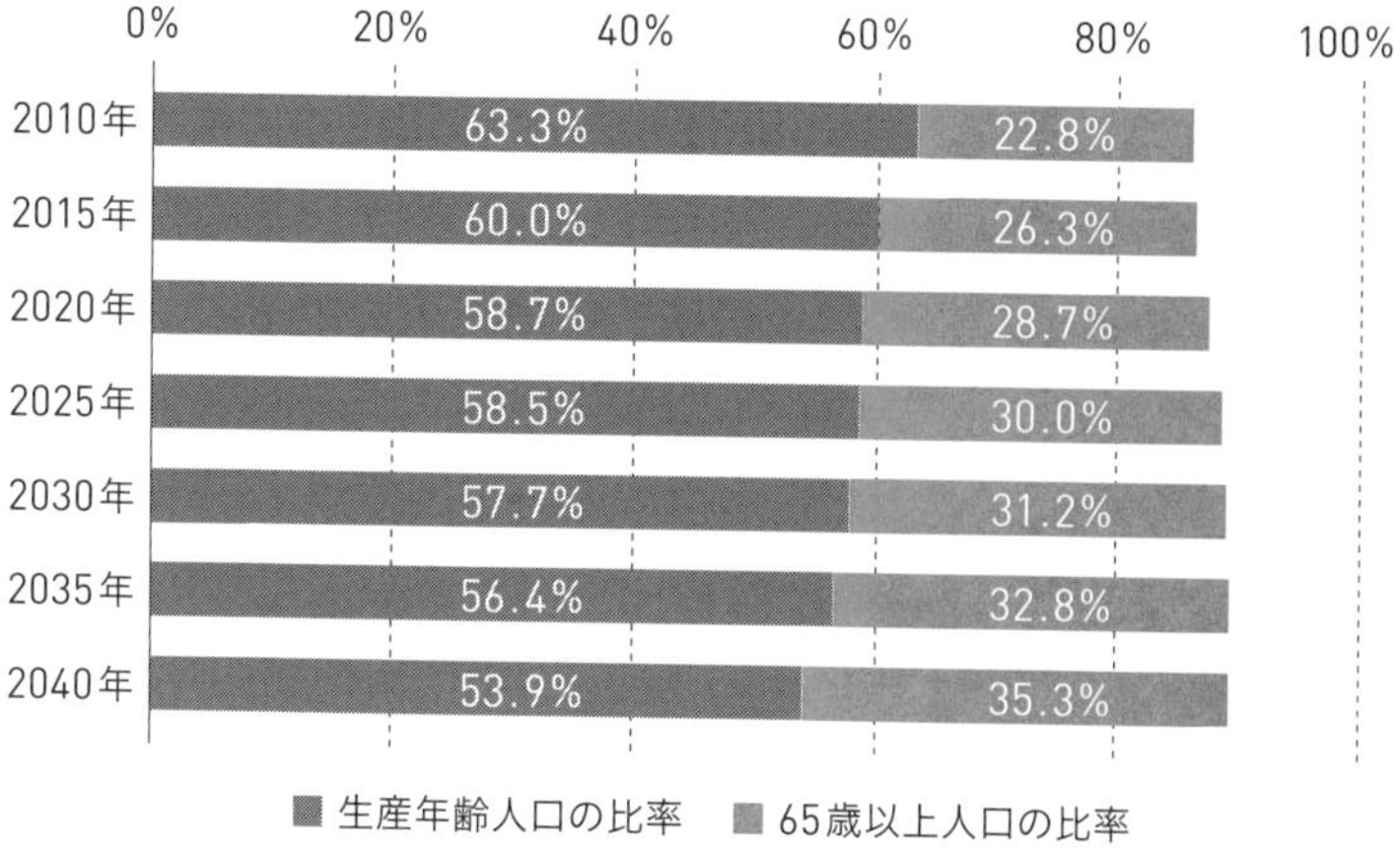

出典：2020年までは「令和2年国勢調査」、2025年以降は国立社会保障・人口問題研究所「日本の将来推計人口（平成29年推計）」の中位推計より

日本における高齢者の労働参加率は伸長しており、70歳男性でも45・7％と約半数が働くようになった。65歳以上の男女合わせても就業率は25・1％[4]と国際的に極めて高い水準にある（日本のすべての65歳以上のうち、4人に1人以上がすでに働いているということだ）。

しかし、当然のことだが、年齢層が上がるごとに就業率は低下せざるをえず、現役世代の8割近い就業率と同水準を70歳以上の人たちに求めることは不可能であろう。

さらにより大きな問題は、就業率ではなく就業時間にある。高齢になると、たとえ就業していてもフルタイムで働くことは難しいという人も多い。40代の就業者の週平均労働時間は38・0時間。一方、70歳以上の就業者では24・9時間と、じつに3分の2の時間数になっている[5]。

加齢とともに労働の供給者側から消費者側へと徐々にシフトしていく。そんな「労働の消費者の割合が歴史上最も多い社会」を、私たちは迎えようとしている。

最後に、「高齢者1人あたりの現役人口」の推移を考えてみよう。

社会保障の文脈（年金制度など）でよく出てくる数値だが、ここでは「労働の需要と供給」に注目すべく、生産年齢人口のうちの就業者を分子とする[6]。すると、2010年に1・96人、約2人で1人の高齢者の労働需要をまかなっていたものが、2035年には1・35人に1人、2040年には1・2人に1人でまかなわなくてはならないのだ。

高齢者が現役世代の労働力だけに頼らずに生活したり、機械の力を使ったり、さまざまな人の力を活かす社会へと構造的に変わらなければ、経済成長どころか、〝生活〟が成立しそうにないのだ。

近畿地方の働き手が丸ごと消滅

こうした危機感を背景にして、はたして日本の社会はどうなっていくのか。生産年齢人口の割合が50%少々の社会では何が起こるのか。「座して待つと何が起こるのか」という将来像を明確にすべく、私たちは労働の需要と供給の観点からシミュレーションをおこなった。

まず、労働需給シミュレーションの結果およびその方法、考え方について説明していく。この労働需給シミュレーションは、「Ｗｏｒｋｓ 未来予測 ２０ＸＸ」研究プロジェクトとして２０２２年4月～２０２３年3月に構築したシミュレーションモデルに基づいて推計した、将来の労働需給を示すものである。

その結果が冒頭の2～3ページで示した図だ。これは、２０４０年までの日本全体での労働需要、労働供給、労働需給ギャップ（供給不足）を可視化したものである。図のグレーの線が

（4）総務省「労働力調査」２０２1年の結果。
（5）リクルートワークス研究所、全国就業実態パネル調査、２０２２年結果。ウエイトバック集計をおこなっている。
（6）２０２０年における生産年齢人口の就業率78・4%を一定のものとして推定している。

労働需要、オレンジの線が労働供給、棒グラフが供給不足をそれぞれ表している。

2040年までの労働需給シミュレーション全体の動きとしては、労働需要がほぼ横ばい、微増の状況に対し、労働供給が大きく減少している。つまり、労働需要側はほとんど横ばいのような曲線を描いているのにもかかわらず、大きな〝労働供給の制約〟が発生している。結果として、労働供給の不足は2030年に341万人余、2040年に1100万人余となっていく。

まず、労働需要については将来にわたって増加しているが、その傾きは緩やかであり、労働供給が減少する傾きに比べると横ばいに近い状態になっている。後述するが、労働需要の推計式は政府が発表した将来の名目GDP予想を前提としており、高い経済成長率を見込んでいない。ほとんどゼロ成長と言える。

しかし、経済成長はほとんどしないものの、人手を要するサービスへの依存度が高い高齢者人口の割合が高まることにより、労働需要は減少局面には入らない。高齢層がとくに医療、介護をはじめ物流業、小売業に対して強い労働需要を持つことを背景に、またそうした業種が労働集約型であるために、こうした業種・職種に従事する労働力の消費量が中心となって、労働需要全体が今後も高止まりする可能性が想定される。

次に労働供給であるが、こちらは労働需要とは異なり急な傾きで減少していく。今後数年は踊り場状態にあり、2027年頃から急激に減少する局面に入る。これも詳細は後述するが、労働供給の値は、シミュレーションモデルで推計した将来の労働力率に将来人口推計を乗じる方法によって計算している。図のとおり、将来にわたって労働供給の値は徐々に低下していき、需給ギャップは大きくなっていく。

本書の問題意識ともつながる話だが、このように労働供給が減少していくことによって発生する労働供給制約という問題は、成長産業に労働力が移動できない、人手が足りなくて忙しいというレベルの不足ではない。2030年の労働供給不足の数は341万人余で、現在の中国地方の就業者数（中国地方の就業者数は2022年7〜9月期平均で384万人）の規模に近い。

さらに、2040年の労働供給不足の数は1100万人と、およそ現在の近畿地方全域の就業者数が丸ごと消滅する規模（同1104万人）に匹敵する。結果的に、運搬職や建設職、介護、医療などの生活維持にかかわるサービスにおいて、サービスの質を維持することが難しいレベルでの労働供給制約が生じるのである。

シミュレーションモデルの推計方法

より詳細の議論に入っていく前に、労働需給シミュレーションがどんな推計方法を用いているのかを概説しよう。少々難しい話になるが、この結果をどう受け止め、どう活かすかにつながるポイントのため、読者のみなさんにオープンにしておきたいのだ。結果に対して関心を持ち、シミュレーションモデルを正確に理解したい人から質問も多くいただくので、以下に概要を掲載しておく。もちろん、結果を先に知りたい人は、読み飛ばしていただいて結構だ。

本シミュレーションモデルは、労働政策研究・研修機構（JILPT）が発表した『労働力需給の推計―労働力需給モデル（2018年度版）による将来推計―』（JILPT、2019）の推計手法を参考に構築しており、大きく「需要」「供給」「需給調整」という3つのブロックで構成されている。各ブロックとも2019年以前のデータを用いて予測式を作成し、その予測式を用いて将来推計をおこなった（多くのシミュレーションが基盤とする、この「過去のデータを用いて予測式を作成」という方法は、結果を読み解くうえで重要なポイントである）。

なお、労働需要は産業別、労働供給は性・年齢階級別（5歳階級）に推計している。労働需要については産業別労働需要を、労働供給は性・年齢階級別労働供給を合計した値が、上述した将来の労働需給を表している。この分類も、JILPT（2019）を踏まえて設計したものである。以下ではとくに、メインとなる「需要」「供給」の各ブロックについて説明する。

需要ブロック

需要ブロックでは、シミュレーションから導かれた将来の就業者数を推計した。この将来の就業者数が潜在的な労働需要に該当する。実際の推計には、以下の【式1】を用いて回帰分析[7]を実行し、得られた産業別就業者数の変化率を用いている。

【式1】 $\Delta lnL(t)=const.+a\Delta lnZ(t)+blnZ(t-1)+clnL(t-1)+\varepsilon(t)$

需要ブロックの分析に用いた変数は産業別の生産額（名目GDP）、賃金、労働時間、前年の就業者数などである。ここでの産業区分はJILPT（2019）と同様であり、農林水産業、情報通信業、医療・福祉など、全部で19分類となっている。

【式1】に含まれる各数値について補足すると、Lは各産業における就業者数であり、ΔlnL[8]は前年（t-1年）から当年（t年）への変化率を表している。

次に、Zは以下の【式2】のとおりである。

【式2】 $Z=\frac{Y}{wH}$

(7) 統計学における分析手法の一つ。AがBに対してどのような影響をおよぼすかを明らかにするもので、たとえば【式1】においてはAは生産額、時間当たり賃金、総労働時間などであり、Bは労働需要の変化である。
(8) Δは「差」を意味する記号であり、デルタと読む。

分子のYは各産業における名目生産額（名目ＧＤＰ）、分母のwは時間当たり賃金、Hは総労働時間である。つまり、１人当たりの賃金、労働時間に対する生産額の大きさが、必要な就業者数に影響をおよぼすことを意味している。最後に、$const.$は定数項、εは誤差項であり[9]、a、b、cはそれぞれ、分析の結果得られる回帰係数である[10]。

供給ブロック

次に供給ブロックでは、以下の【式３】を用いて、性・年齢階級別に労働力率を推計している。

【式３】 $r(t)=const.+\sum i=1diVi\ (t)+\epsilon\ (t)$

労働力率というのは、その性別、その年齢層の人々のうち何%が働いているかを数値にしたものだ。需要ブロックと同様、回帰分析を実行した。性・年齢階級の区分方法も同じくＪＩＬＰＴ（２０１９）のモデルをベースにしている。

なお、女性のみ有配偶・無配偶で分割して推計している。たとえば、20～24歳女性（有配偶）、50～54歳女性（無配偶）といった分類があり、それぞれについて労働力率の将来予測をおこなったという意味である。労働力率に影響する変数には失業率、進学率、実質賃金などさまざまなものがあり、対象となる性・年齢階級ごとに異なる組み合わせで予測式を作成している。以下にて、性・年齢階級の区分例を3つ示す。

●男性20〜24歳では、労働力率に影響をおよぼす要因として「大学・短大進学率（2期前）」「前期失業率」「当該年齢賃金／年齢計賃金」が分析に投入された。

●女性45〜49歳では、労働力率に影響をおよぼす要因として「前期失業率」「短時間雇用者比率」「実質賃金（賃金／CPI）」が分析に投入された。

●女性60〜64歳では、労働力率に影響をおよぼす要因として「前期失業率」「年金支給開始年齢（定額）」「コーホート要因[11]」が分析に投入された。

【式3】の *Vi* は労働力率に影響をおよぼす行動要因など（右記例の大学・短大進学率や前期失業率、短時間雇用者比率など）を表す。

（9）定数項は名目GDPや賃金などの変数によって変動しない部分を、誤差項は真の値と実際に得られた値の差を表す。供給ブロック、需給調整ブロックでも同様に登場する。

（10）需要ブロックの例で言えば、名目GDPや賃金などが就業者数の変化率に影響をおよぼす度合いを示している。

（11）5年前の1年齢階級若い労働力率を指す。たとえば2019年における60〜64歳のコーホート要因は、2014年における55〜59歳の労働力率である。

また、労働力率の推定については以下のとおり *R*（％）をロジット変換している。これは、最終的に得られた数値が１００％を超えないための工夫である。

$$r=ln(R/(100-R))$$

この推計式で得られた労働力率を国立社会保障・人口問題研究所（以降、社人研）による将来推計人口に乗じ、将来の労働力人口を予測したものが、将来の労働供給である。

需給調整ブロック

需給調整ブロックについても簡単に触れておきたい。このブロックでは、有効求人倍率、賃金上昇率、失業率を求めている。これらの値が間接的に労働需要、労働供給に影響をおよぼす。

まず、全性・年齢階級に共通の有効求人倍率を労働需給倍率（労働力需要／労働力人口）から求め、この値を年齢階級別の求人倍率に変換した。次に賃金上昇率は、有効求人倍率、消費者物価指数（ＣＰＩ）の変化率、交易条件（輸出物価指数／輸入物価指数）から求めており、全年齢階級で共通である。

最後に、失業率については各年齢階級の失業率から変換式を作成した。なお、将来の有効求人倍率は、２００５〜２０２１年の平均値を外生的に与えている。

2040年の日本の大前提

さて、この需給シミュレーションでは、公的機関が公表している数値をバックデータとして活用した。労働需要については名目GDPを、労働供給については将来推計人口のデータを用いている。これらのデータはさまざまな推計で用いられる、日本の将来の想定シナリオである。

まず、労働需要のシミュレーションに用いた名目GDPは、2023年1月24日に内閣府が経済財政諮問会議に提出した「中長期の経済財政に関する試算」の値を用いている。

この試算は、経済再生と財政健全化の進捗状況の評価、今後の取り組みに関する検討に必要な基礎データを提供するものであり、経済に関するシナリオには「成長実現ケース」「ベースラインケース」の二つがある。そのうち本シミュレーションモデルでは、「経済が足元の潜在成長率並みで将来にわたって推移する姿を試算したものである」と記載されている「ベースラインケース」を用いている。具体的な名目のGDP成長率は、2023年に4・4%、2030年から2032年は0・5〜0・6%で推移すると想定されていた。本資料に掲載されているデータは2032年までの将来想定であったため、本シミュレーションでは2033年から2040年までの名目GDP成長率も2032年時点と同じく0・5%とした。[12]

(12) 医療・福祉のみ、将来の需要増などの状況を鑑みて伸び率を変更している。

つまり、この労働需給シミュレーションは「2030年以降、名目GDPが0・5％しか成長しない日本」を前提にしている。名目GDPから物価変動を取り除いたものが実質GDPだから、物価の変動幅しだいでは実質GDP成長率はそれこそ完全なゼロ、もしくはマイナスの可能性もある。労働需要については、「ほとんど経済成長しない日本」というシナリオを想定してシミュレーションをおこなっていることに、まずは留意いただきたい。

逆に言えば、ちょっとでも経済成長するのであれば労働需要はこんなものではすまなくなる。つまり、はるかに大きくなる。

次に、労働供給側では将来推計人口について説明する。

まず、人口については国立社会保障・人口問題研究所が推計した「日本の将来推計人口（平成29年推計）」の出生中位（死亡中位）推計を使用した。[13] たとえばこの人口推計では、2025年に1億2254万4000人、2030年に1億1912万5000人、2040年に1億1091万9000人となっている（いずれも全年齢、男女計）。つまり、2025年を基準にすれば、2040年に日本の人口は9・5％マイナスとなるのである。

先述のとおり、労働供給は推計した労働力率を将来推計人口に乗じて計算した労働力人口のことである。当然ながら労働力率は100％を超えないので、人口の減少それ自体が労働供給制約を推し進めてしまう。

日本の労働力率は先進国ですでにトップクラス

あわせて労働力率についても簡単に触れたい。労働力率は今回のシミュレーションで先に示した推計式によって算出したものだ。推計の結果を次ページで表にしている。男性、女性の年齢層別の労働力率が２０２５年以降どう変化するかを示したものである。

細かい変化は年齢層、年ごとにあるが、言えることとしては、男性、女性ともに一定程度高い労働力率となっている。とくに30～44歳女性では77・３％から84・２％へと急激に上昇することを見込んでいる。

なお、シニア層（60歳以上）の労働力率はそれほど伸びていないが、これには今後の日本の高齢化が質的に転換することが背景にある。

今後シニア層の人口は２０４０年まで増加を続けるが、それを牽引するのは85歳以上の人口なのだ。男性では２０２０年の１９５万人から２０４０年の３４９万人と倍増近く、女性では４２５万人から６７４万人へとこちらも急増する。シニア層のなかで年齢構成が変わる、いわば「高齢者の高齢化」が進む中でのシミュレーション結果だと考えていただきたい。

（13）令和5年4月26日、社人研より日本の将来推計人口（令和5年推計）が発表されているが、シミュレーション分析のタイミングから、本書籍に記載する内容については、平成29年推計の結果を使用している。

図7：労働力率の予測結果

男性

	15～29歳	30～44歳	45～59歳	60歳以上
2025年	58.7%	95.8%	94.7%	44.5%
2030年	57.2%	95.9%	94.5%	45.4%
2035年	56.6%	95.8%	94.4%	46.6%
2040年	56.4%	95.3%	94.5%	44.5%

女性

	15～29歳	30～44歳	45～59歳	60歳以上
2025年	62.3%	77.3%	77.0%	23.5%
2030年	62.8%	80.6%	76.4%	24.4%
2035年	63.2%	82.6%	77.1%	26.0%
2040年	64.1%	84.2%	77.8%	25.9%

出典：リクルートワークス研究所

結果として、シニア層で労働している人の数はまだまだ増え続ける（男性は2020年の865万人から939万人に、女性は602万人から676万人へと、ともに10％前後増加する）。なお、2040年の男性85歳以上の労働力率は14・5％だが、労働力率はそれほど伸びない。

現時点でも、日本の労働力率は決して低いわけではない。厚生労働省のウェブサイト(14)を見ると、2023年1月17日時点での生産年齢人口の労働力率（労働力人口）は、日本80・0％（6907万3000人）、アメリカ73・4％（1億6120万4000人）、イギリス78・3％（3393万2000人）、ドイツ78・7％（4303万6000人）、フランス73・0％（3009万3000人）となっている。

主要先進国の中で比較すると、日本の労働力率は高い水準にあると言える。すでに、日本は多くの人の力を活かす社会になりつつあるのだ。労働供給制約社会においても多くの人に労働に参加してもらうことが重要なのは間違いないが、この値を見ると、シニア層を除けばかなり多くの人がすでに労働力人口であるのだ。

この〝労働供給がすでに世界的にもパツパツな状態〟が日本のスタート地点である（なお、シミュレーションからは2040年の日本の生産年齢人口における労働力率は、現在からさらに数％上昇することが予測されるが、もはやそれは少しの余裕もない状況とも言えるのだ）。

(14) https://www.mhlw.go.jp/toukei/youran/indexyr_k.html

「労働力率をさらになんとかして高め、多くの人に労働に参加してもらう」ことのキャパシティは、ほぼ限界に達しつつある。これがまさに、労働供給が「制約」されていることの意味なのだ。

今、日本では、これまで議論されてきたような「いかに労働参加してもらうか」だけでなく、根本的にパラダイムを変えるような解決策が求められている。それは1人ひとりが豊かに楽しく、さまざまな場で力を発揮できる社会の実現だと考えるが、まずはシミュレーション結果が示す「座して待つと何が起こるのか」を、次章から詳しく見ていこう。

第2章

都道府県別&
職種別
2040年の
労働需給予測

ひとえに2040年に1100万人の働き手が不足するといっても、当然、職種や地域によって深刻さの度合いは異なる。

そこで本章では、私たちの生活を支える「生活維持サービス」に注目して、その将来を労働力の面から予測。私たちの生活を支える職種に注目することで、2040年の生活の状態を浮き彫りにする。

そのために、「職種別」および「都道府県×職種別」の労働需給シミュレーションを実施した。その結果を見ていこう。

職種の分類については、「輸送・機械運転・運搬」「建設」「生産工程」「商品販売」「介護サービス」「接客給仕・飲食物調理」「保健医療専門職」の生活維持サービス7職種に加えて、「事務・技術者・専門職」の合計8職種を取り上げる。

なお、都道府県×職種別シミュレーションにおいては「事務・技術者・専門職」以外の7つの職種を「生活維持サービス」として統合した結果を示している。

職種別シミュレーションのロジック

職業別の労働需給予測は、国勢調査を用いて産業ごとの職業構成比を作成し、その構成比を用いてシミュレーションモデルから得られた労働需要および労働供給の値を按分（比例配分）することで推計した。

なお、労働供給は性・年齢階級別に求めているため、それらの合計をまずは産業別に按分し、産業別の労働供給を求めてから職種別に按分している。

按分の方法について、労働需要では令和2年国勢調査の職業構成比を2040年まで単純延長した。[15]

労働供給では、労働条件や労働環境などの諸要因から、労働需要側の変化にかかわらず、労働力が移動あるいは離脱しているといった状況を想定した。この想定を予測に反映するため、平成27年と令和2年の国勢調査から職業構成比の平均変化率を求め、その数値を用いて2040年までの職業別労働供給を計算した。

都道府県×職種別のシミュレーションについても、基本的には職種別と同様の方法を用いている。按分に用いた産業ごとの職業構成比が、産業ごとの「都道府県×職業構成比」になっており、これを用いて産業ごとの労働供給を都道府県×職業のデータに変換した。

ただし、都道府県・職業構成比の平均変化率を計算する際、区分を細かくすることでサン

(15) 労働需要側においても将来の産業構造は当然、変化しうる。ここでは一定であるという（強い）仮定を置いたうえで将来推計をおこなったものと、ご理解いただきたい。

プルサイズが小さくなり、極端な平均変化率を示す都道府県・職業が発生することが想定された。その値によって非現実的な将来予測になってしまうことを避けるため、前年からの変化率が+0・3%を上回る場合は+0・3%を変化率の上限とする制約を適用している。本来、+0・3%を超えていた分は、総務省統計局発表の「住民基本台帳人口移動報告」の結果を踏まえ、埼玉県、千葉県、東京都、神奈川県、大阪府、福岡県に分配した[16]。

ドライバーの不足率は24%【職種別シミュレーション】

まずは、生活維持サービスに注目して、全国における職種別シミュレーションの結果を見てみよう。なお、詳細な各分類に含まれる職種については54~57ページの各図の脚注をご覧いただきたい。

まず「輸送・機械運転・運搬」職種、いわゆるドライバーから見ていこう。これはすでに人材の大きな不足が顕在化している職種であるが、2030年に37・9万人、2040年には99・8万人の労働供給不足に陥ることが推定される。**2040年の労働需要（413・2万人）に対する不足率は24・1%に達し、つまり「4人必要な仕事に3人しかいない」状況だ。**

とくにドライバーの供給制約が顕著となる地方部などでは、配送がまったくできない地域、著しい遅配が前提となる地域が出てくるだろう。1社1社の取り組みでなんとかできる水準になく、荷待ち時間の抜本的な改善など大手が旗を振り業界全体で改革をおこなうことが必須だ。

「建設」では、2030年に22・3万人、2040年に65・7万人の労働供給不足が推定される。2040年の労働需要（298・9万人）に対する不足率は22・0％であり、道路のメンテナンスや災害後の復旧に対して手が行き届かず、重大な事故の発生や崩落したままにせざるをえないインフラが生じる可能性が高い。日本はただでさえ自然災害が多い国であり、建設関連の仕事をする人たちこそが私たちが安心して生活するための生命線と言えるが、この状況は社会の安心感が揺らぐ問題だ。

「生産工程」では、2030年に22・1万人、2040年に112・4万人の供給不足が見込まれる。2040年の労働需要（845・0万人）に対する不足率は13・3％で、2040年の日本社会においては比較的足りている職種と言えるかもしれない。しかし、不足しているのは確かで、海外から生産拠点を戻したり新規に大規模な生産工場を建設する際には、労働力の確

(16) 本書の執筆に際して、生活維持サービスに焦点を当てた都道府県×職種別シミュレーションをおこなうために、推計精度を維持することを目的に、リクルートワークス研究所で報告した際のシミュレーションから一部方法を変更した。そのため結果的に、職種別のシミュレーション結果とは数値が一致する一方で、都道府県別の結果とは一致していないが、これは推計方法の違いによるものである。

図8：職種別労働需給シミュレーション

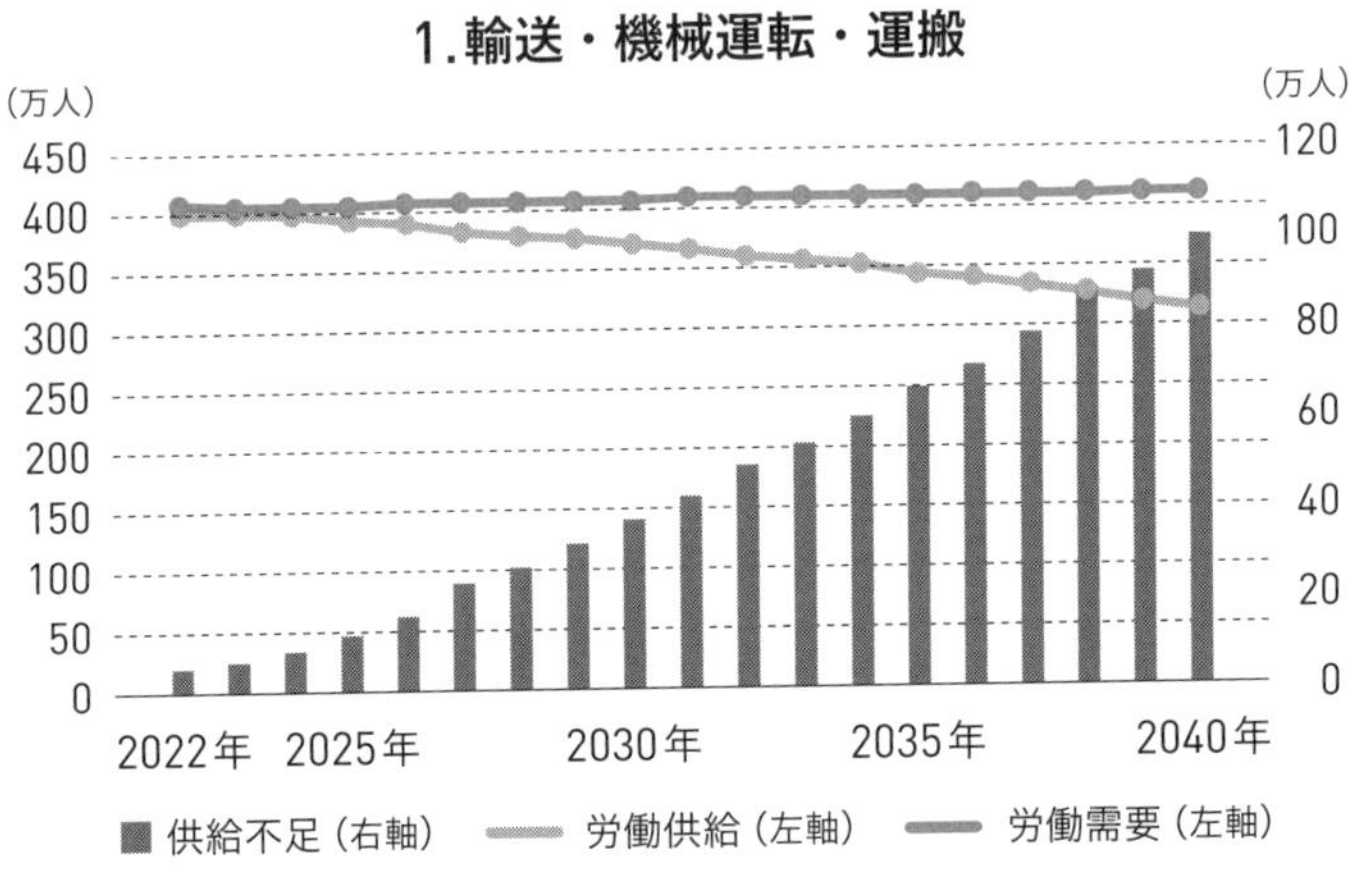

※自動車運転従事者、配達員、倉庫作業従事者、鉄道運転従事者など。

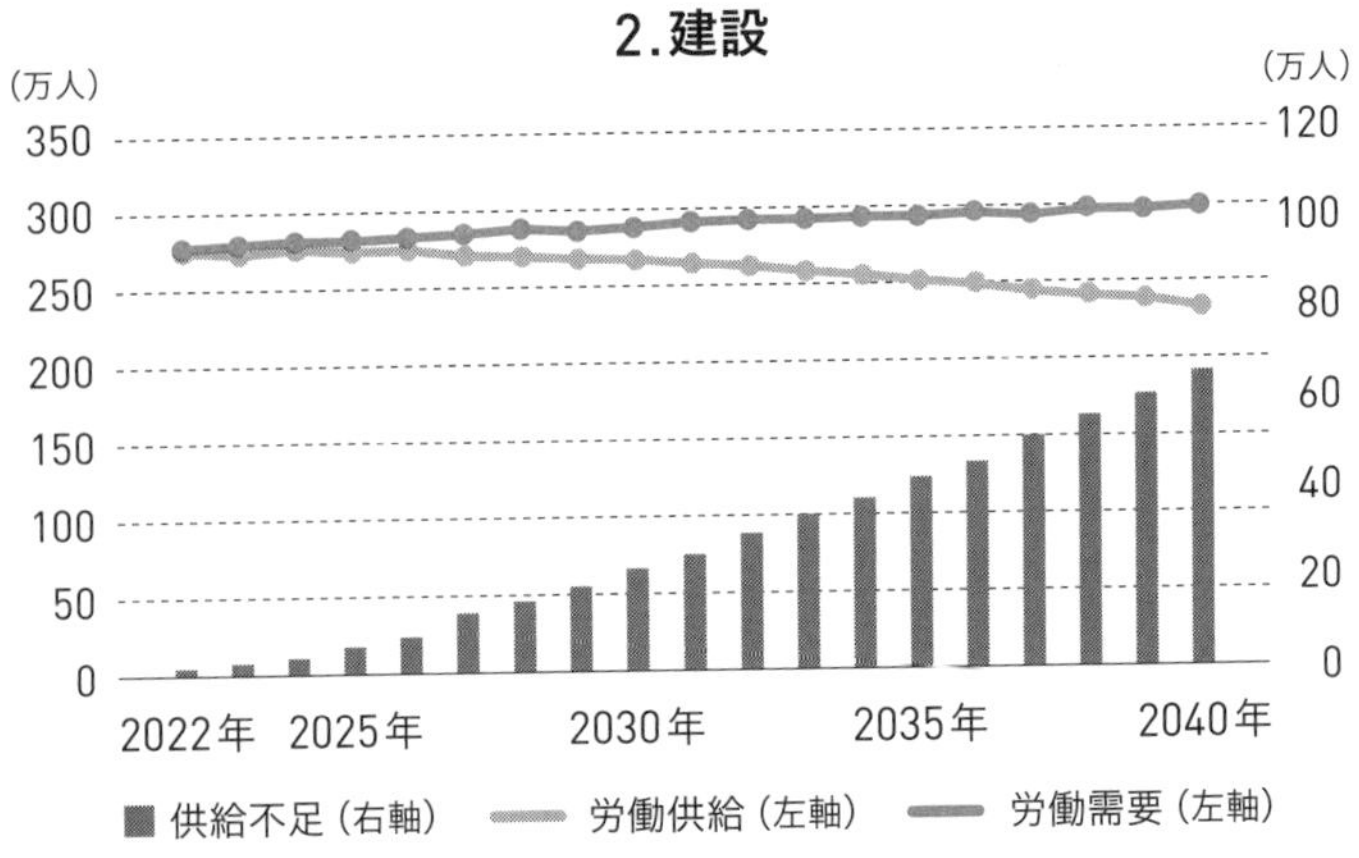

※建設・土木作業従事者、電気工事従事者など。

3.生産工程

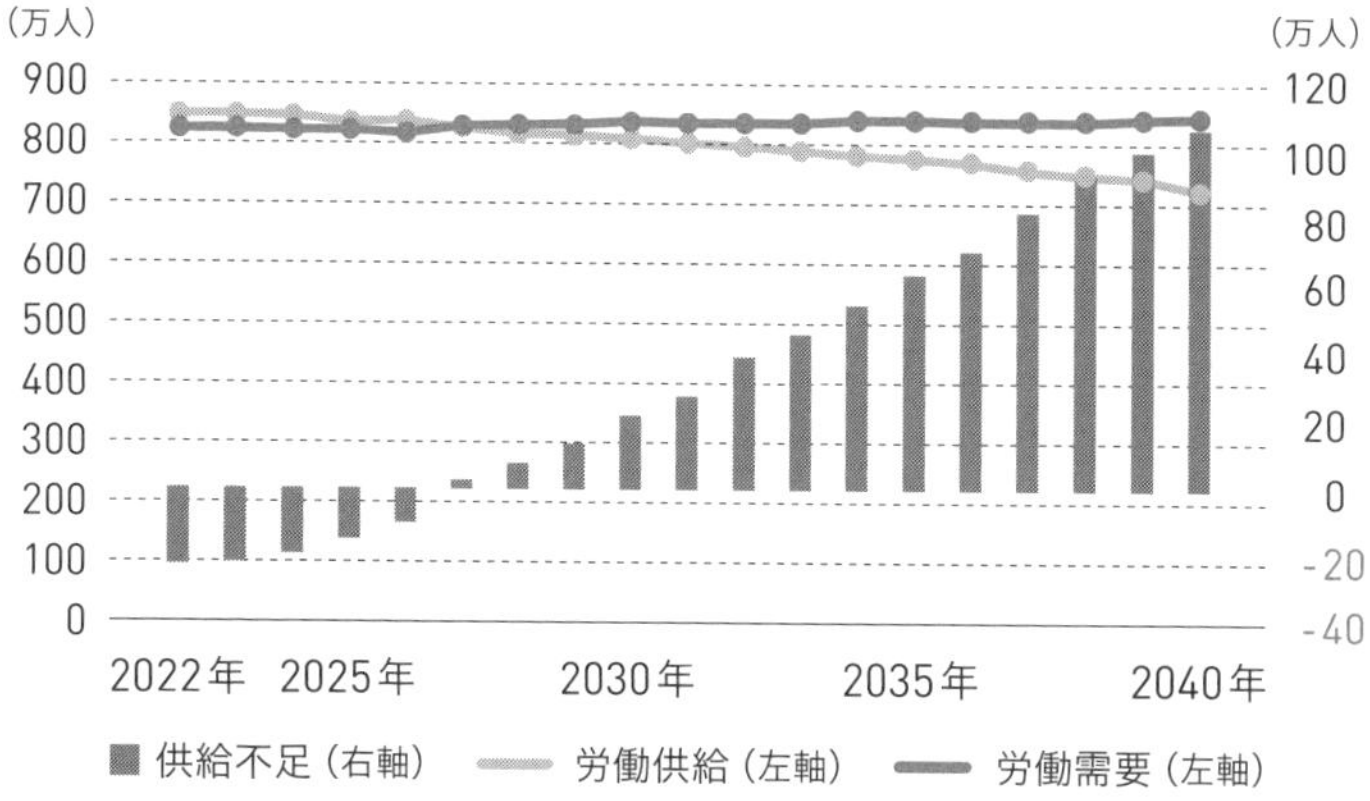

※製品製造・加工処理従事者、機械組立従事者、機械整備・修理従事者など。

4.商品販売

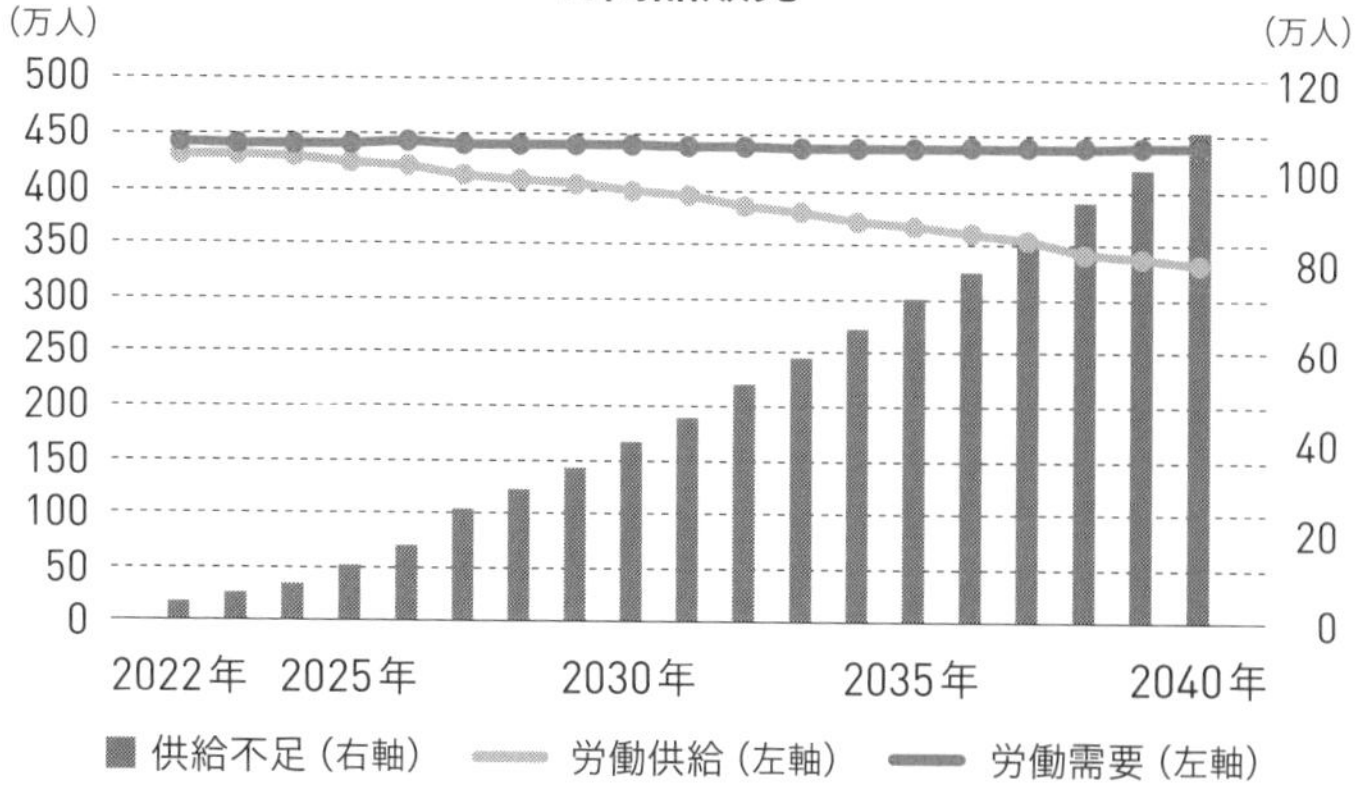

※小売店主・店長、販売店員、商品訪問・移動販売従事者など。

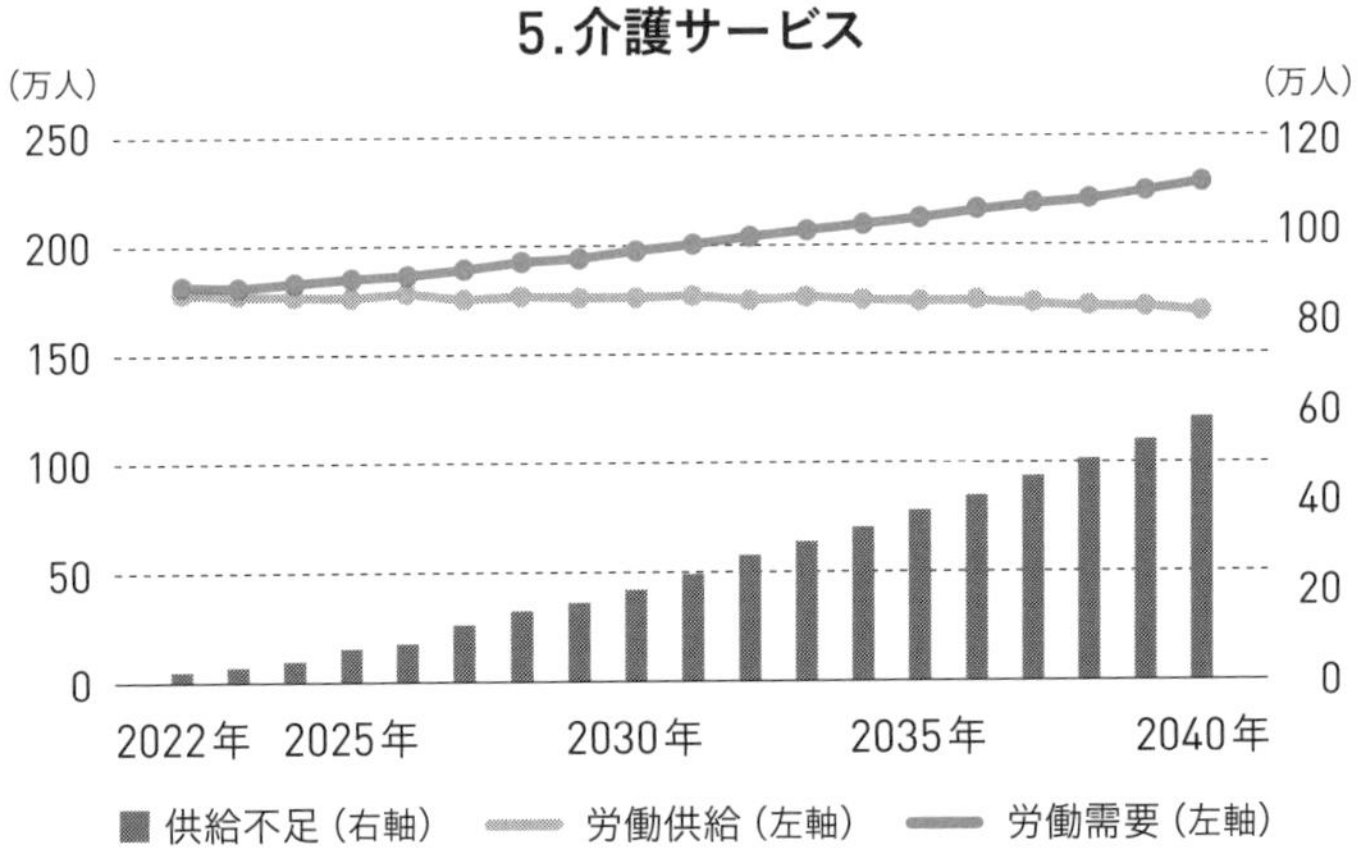

※介護職員、訪問介護従事者など。

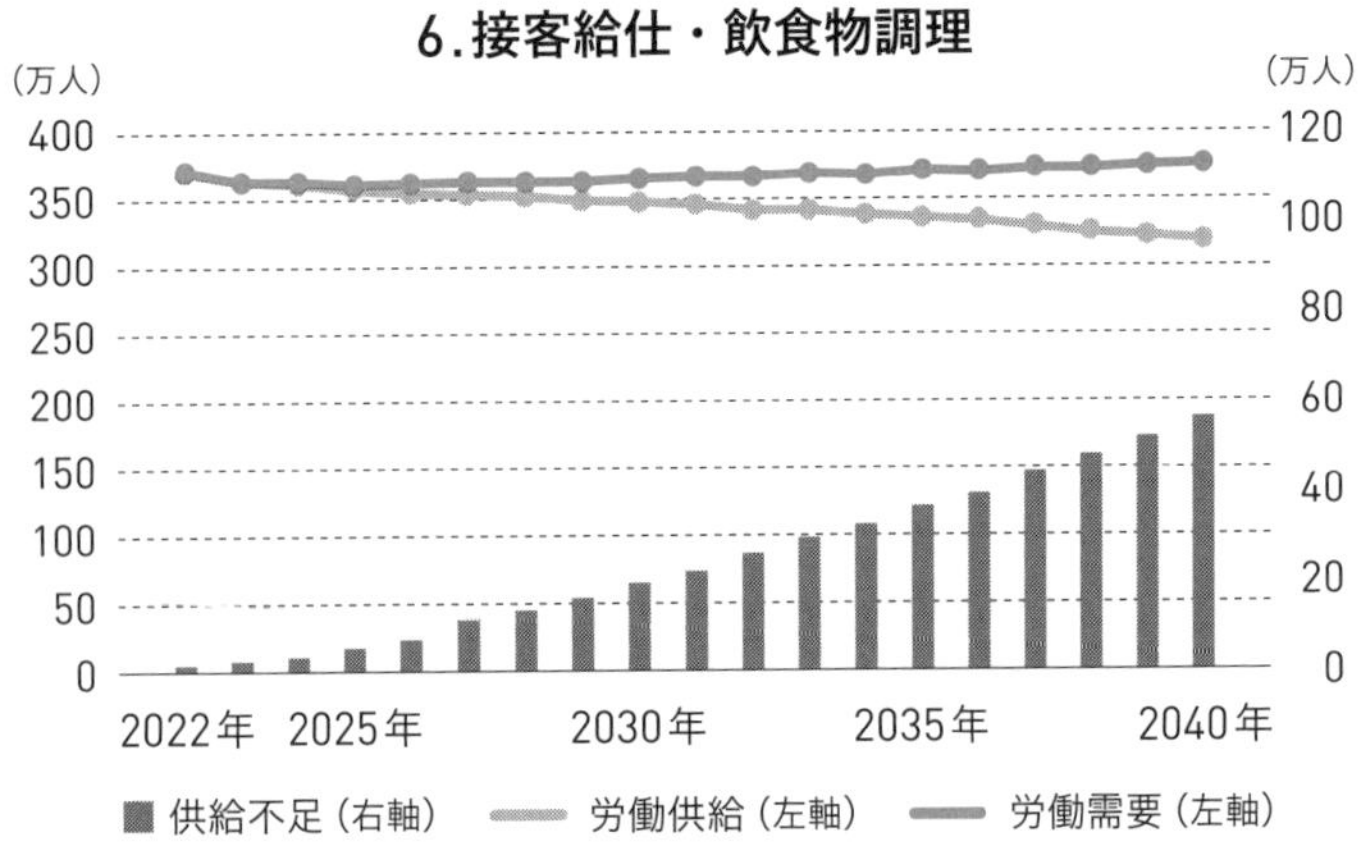

※飲食物調理従事者、接客・給仕職業従事者など。

7.保健医療専門職

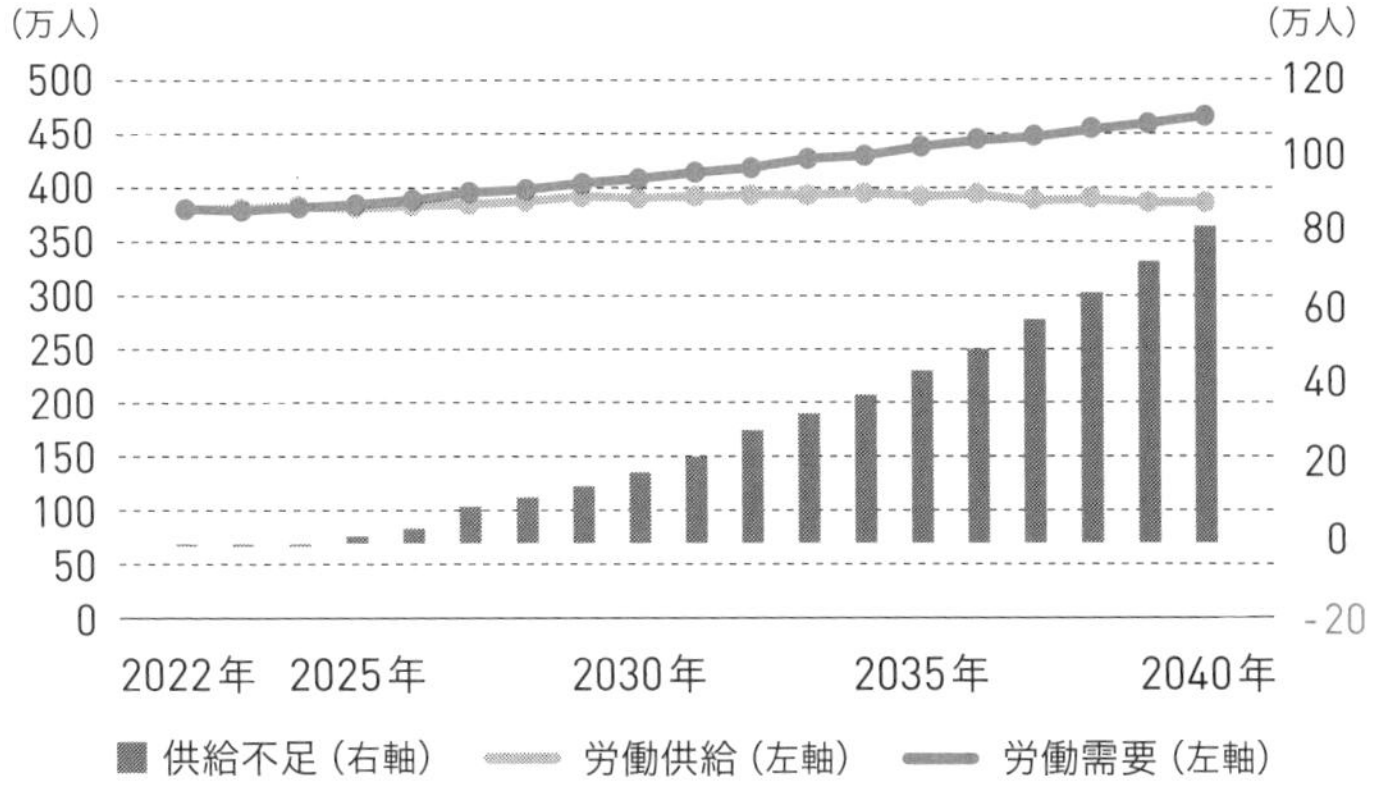

※医師、歯科医師、看護師、薬剤師、保健師、助産師、臨床検査技師など。

8.その他職種(事務、技術者、専門職)

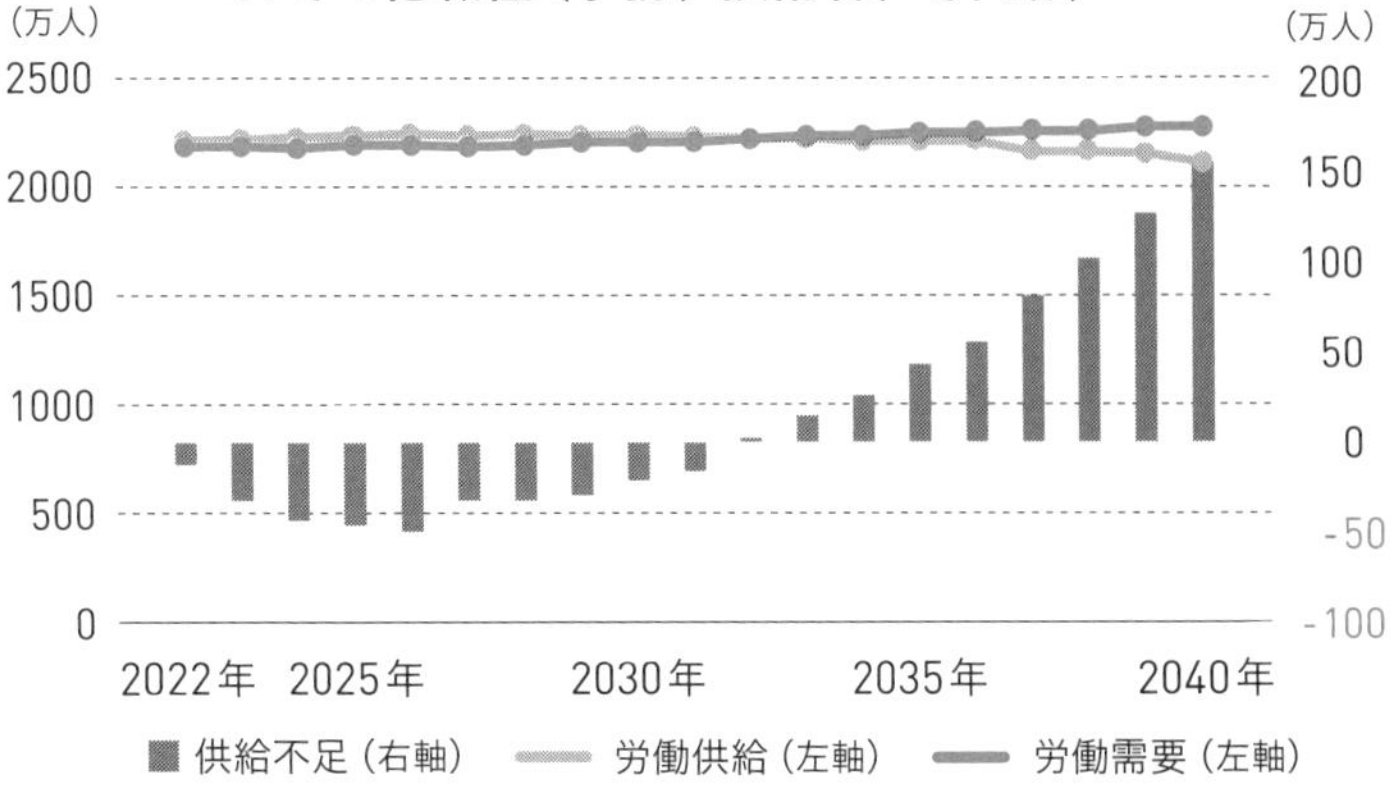

※事務従事者、技術者(機械技術、ソフトウェアなど)、教員、専門職業従事者など。

保がボトルネックとなり断念せざるをえないかもしれない。また、生活面では国内生産が中心の製品で、徐々に品不足が顕在化する恐れがある。

「商品販売」では、2030年に40・2万人、2040年に108・9万人の供給不足。2040年の労働需要（438・5万人）に対する不足率は24・8％で、とくに地方の小売店は無人化によるサービス水準の低下は避けられない。

「介護サービス」職種は、介護職員や訪問介護従事者を指すが、2030年に21・0万人、2040年に58・0万人の供給不足が見込まれる。**2040年の労働需要（229・7万人）に対する不足率は25・2％**であり、全国で平均しても、たとえば**「週4日必要なデイサービスに、スタッフ不足で3日しか通えない」という状況が〝標準的な〟状態となってしまう。**

「接客給仕・飲食物調理」職種は、2030年に17・9万人、2040年に56・6万人の供給不足。2040年の労働需要（374・8万人）に対する不足率は15・1％である。

「保健医療専門職」は、医師・看護師・薬剤師などの医療従事者だが、2030年に18・6万人、2040年に81・6万人の供給不足。2040年の労働需要（467・6万人）に対する不足率は17・5％である。今後さらに高齢化が進むなか、否応《いやおう》なく人の力が必要な職種であるが、供給不足が慢性化することで、診察を受けることが難しくなり、救急車を呼んでも受け入れられる病院がないなど、私たちの生活に大きな悪影響をおよぼす恐れがある。

生活維持サービス以外の「事務、技術者、専門職」はどうか。ここには事務職やさまざまな分野の技術者、そして教員や士業などの専門職といったホワイトカラーやデスクワーカーを分類している。2030年では21・3万人の供給過剰だが、2040年には156・6万人の供給不足、2040年の労働需要（2290・2万人）に対する不足率は6・8％であった。ほぼ、需給が均衡していると言える。

このように見ていくと、「事務、技術者、専門職」、つまりデスクワーカーについては需給ギャップが小さくなっている。2040年時点では多少の不足は発生するが、それでもほかの職種に比べると状況としては軽いと言える。

充足率75％以下は31道府県【都道府県別シミュレーション】

日本全体で2030年に341万人余、2040年に1100万人余の労働供給が不足することを先に述べた。しかし、都道府県によって産業構造が異なれば、人々が働く産業や職種も当然異なる。そこで次は、上記で示した生活維持サービスの充足率を、都道府県別にシミュレーションした結果を説明する。

上述のとおり、生活維持サービスに分類される7職種の値を合計したかたちで都道府県別に状況を示していく。

図9：2040年の生活維持サービスの充足率

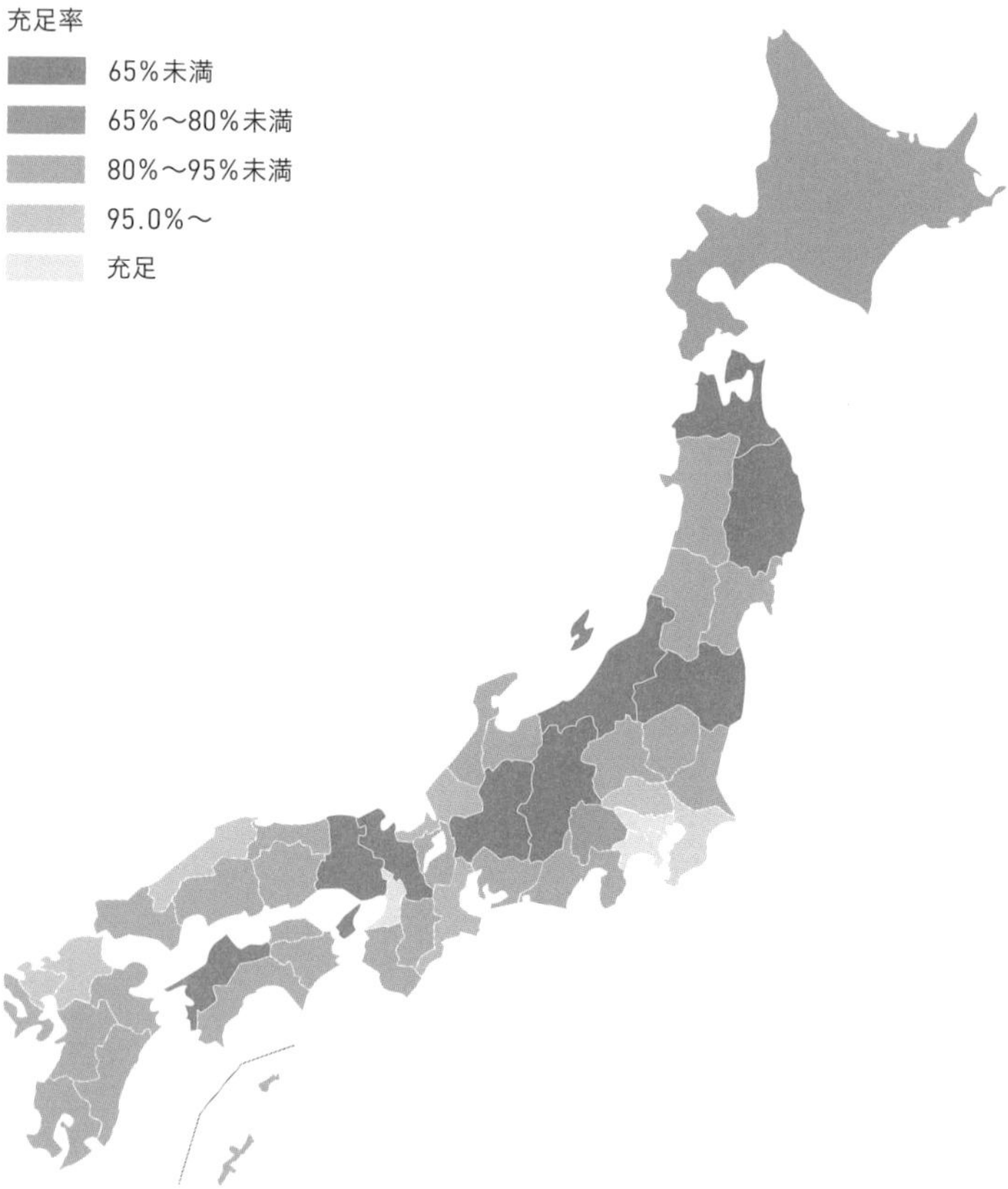

出典：リクルートワークス研究所

まずは右ページの図9を見ていただきたい。これは今回、分析対象にした生活維持サービスの充足率を日本地図上にプロットしたものである。色が薄い地域ほど充足率が高く需給ギャップが解消されており、人手不足感が小さい。逆に、色が濃い地域では需給ギャップが大きくなっている。

本データのポイントは、都市圏と地方圏で需給ギャップの傾向が異なることである。埼玉、東京、千葉、神奈川、大阪、福岡といった都市圏では、ほかのエリアに比べて需給ギャップがあまり発生していない。

また、2030年時点では宮城県でも需給ギャップがあまり大きくないようである。この背景には人口の流入がある。総務省統計局による「住民基本台帳人口移動報告2020年（令和2年）結果」[17]を見ると、前述の都市圏では人口流入が多くあった。

このように、人が集まれば集まるほど、その地域には労働需要が新たに創出される。そうなれば、その需要を支えるための労働供給も増えていく。こうした流れで、都市圏では比較的需給ギャップが大きくならないのであろう。一方、地方圏で需給ギャップが大きくなっているのは都市圏と異なる動きであり、一定の労働需要がありながらもそこに追い付いていないのである。

(17) https://www.stat.go.jp/data/idou/2020np/jissu/youyaku/index.html

図10：生活維持サービスの充足率の推移

	2030年	2040年
北海道	91.7%	65.3%
青森県	88.1%	64.7%
岩手県	85.5%	59.1%
宮城県	93.9%	70.7%
秋田県	89.6%	73.7%
山形県	87.4%	65.1%
福島県	83.1%	62.9%
茨城県	91.3%	69.1%
栃木県	88.9%	67.6%
群馬県	92.0%	70.0%
埼玉県	95.8%	95.6%
千葉県	充足	充足
東京都	充足	充足
神奈川県	充足	充足
新潟県	84.8%	58.0%
富山県	90.6%	73.1%
石川県	95.6%	79.0%
福井県	94.1%	82.0%
山梨県	94.0%	79.2%
長野県	86.3%	60.1%
岐阜県	88.3%	64.1%
静岡県	91.7%	70.3%
愛知県	92.9%	70.4%
三重県	93.5%	81.6%
滋賀県	92.7%	76.7%
京都府	86.0%	58.6%
大阪府	充足	充足
兵庫県	88.4%	62.9%
奈良県	92.7%	77.6%
和歌山県	93.6%	77.3%
鳥取県	88.4%	69.0%
島根県	95.7%	89.1%
岡山県	91.8%	70.2%
広島県	90.9%	69.0%
山口県	88.9%	69.4%
徳島県	86.6%	65.7%
香川県	89.5%	73.6%
愛媛県	87.9%	63.6%
高知県	89.0%	69.2%
福岡県	充足	93.1%
佐賀県	93.0%	80.2%
長崎県	90.5%	73.8%
熊本県	90.2%	69.7%
大分県	93.9%	79.3%
宮崎県	85.1%	65.3%
鹿児島県	89.8%	71.1%
沖縄県	91.9%	71.8%

※充足率（%）＝労働供給推計量÷労働需要推計量。なお、充足率が96.0%以上のものについて労働需給が均衡可能な状況とみなし、「充足」と表記した。

出典：リクルートワークス研究所

右ページに、日本地図上にプロットした2040年の生活維持サービスの充足率と2030年の数値を表にした。あわせてご覧いただきたい。

生活維持サービスの労働力の充足率が最も低いのは新潟県であり、なんと58・0％である。6割を切っており、生活維持サービスに必要な担い手が半分ちょっとしか存在しない計算となる。同様に京都府も58・6％と極めて低い水準だ。

新潟県と京都府について共通して言えるのは、「一定の経済規模があり、観光や製造業などの〝外向けの産業〟がありながら、住民の生活維持サービスにも人材を供給しなくてはならない」という難しさだ。ともに現在の人口規模も200万人を超えており、GDP（県内総生産）も8～10兆円前後と経済規模もある。

また、新幹線など交通の便がいいこともあり、近年ではインバウンド需要やモノづくりの需要（外向けの産業）も高い。もちろん、経済成長につながるような外向けの産業の需要が高まっていることは決して悪いことではない。しかし、労働供給制約下において十分な働き手・担い手を輩出できなければ、二兎を追うのは難しくなってしまう。魅力的な職場となるかもしれない外向けの産業があることで、地域の生活維持サービスの担い手が吸い取られてしまうのだ。

この構造は、一定の経済規模があり外向けの産業が期待できるほかの地域でも共通する今後の課題となっていく（たとえば、4番目に充足率が低い長野県〈60・1％〉、5番目に低い兵庫県〈62・9％〉についても共通する状況がある）。担い手の数が減るが、二兎を追わなければならないいくつかの地方が、課題が最も顕在化する地域となる。

また、3番目に生活維持サービスの充足率が低いのは岩手県で、59・1%と新潟県、京都府と並んで6割を切っており非常に厳しい状況である。ただ、人口規模は現在100万人台前半であり経済規模も全国で真ん中あたり（2022年で29位）である。もちろん外向けの産業と生活維持サービスの二兎を追う必要もあるが、担い手側の生産年齢人口の減少や近隣への流出といった課題が大きい地方と言えるだろう。

いずれにせよ、**生活維持サービスの充足率が75%を切っている地方は31道府県におよんでおり**、これは4人必要な仕事を3人で取り組まなければならない水準だ。これほど広範囲で労働供給制約による生活維持サービスの提供が不十分で、困難な状況が生まれると考えると恐ろしくもある。逆に、**充足率が90%を超えている都府県は6つしかない**のだ[18]。

人口67万人の島根県の需給ギャップが小さいワケ

特徴的なエリアとして島根県（充足率89・1%）を挙げたい。

地方圏では確かに労働需給ギャップが大きいと述べたが、島根県は総人口が約67万人、東京の1400万人と比べると20倍以上の違いがあるのに、充足率が89・1%と需給ギャップは比較的小さい。島根県については「人口が流入している都市圏」とは別の事情が発生していると考えられる。それは、いったいなぜだろうか。

本シミュレーションでは先述のとおり、全国の労働需給を計算したあとに国勢調査のデータを用いて都道府県や職種別に按分(比例配分)する方法を用いており、都道府県単位での政策や文化などを個別に反映しているものではない。そのため、もちろん仮説ではあるが、ここでは島根県で働く「女性の状況」について取り上げたい。

島根県による「しまね女性活躍推進プラン」では島根県の女性の現状が整理されており、そこでは働く女性の割合が全国1位であること、子育て世代の女性の有業率が全国1位であることが国勢調査をベースに報告されている。家事や育児、介護などの負担が女性に偏っているのではないかという指摘もあるため、労働供給の不足が少ないことだけですべての状況がいいと言い切ることは難しいが、地方部における労働供給制約の問題をうまく解決する事例になる可能性がある。現在の小さな芽が、将来には大きな違いとなって現れるかもしれないのだ。

(18) なお、「充足」としている都府県でも充足率は100%前後であり、最大は東京都の108.9%と需給が均衡しているに過ぎない。

シミュレーションを未来のために

第2章の締めくくりとして、本シミュレーションモデルの構築を踏まえた結果の受け止めについて、私たちが伝えたいことを記載しておく。シミュレーション結果が「2040年に絶対そうなる」ことを示すものではないと理解いただくこと、それを踏まえて自分たちができることを考えるための出発点としたいという2点を補足したい。

第一に、シミュレーションモデルは「過去の社会」を前提にして将来を予測しているという点である。本シミュレーションモデルでは、過去のデータを用いてモデルを構築し、将来の労働需給を予測している。つまり、過去を起点にしたモデルが将来においても成り立つという仮定を、シミュレーションモデルは前提としていることになる。

この点について具体的な例を一つ挙げたい。先述したとおり、労働供給のシミュレーションにおいては、女性のみ有配偶と無配偶を分けたモデルになっている。一方、男性では配偶者の有無を考慮したモデルにはなっていない。つまり、男性では労働力率と配偶者の有無が無関係であるのに対し、女性では配偶者の有無によって労働参加の要因や構造が異なることを意味している。とはいえ、これは従来の日本社会のあり方を考えてみれば意外なことではなく、社会における典型的な性別役割分業が存在した状況があったためだ。

これに対し私は、「日本では共働き世帯が増加トレンドにある。それを踏まえると、将来の日本では男性も女性も配偶者の有無にかかわらず労働参加するようになる可能性が高いので、今回のシミュレーションモデルでも、男性、女性ともに配偶者の有無を考慮しなければいいのでは?」とも考えた。

確かに、JILPTが労働力調査をもとに集計したデータ[19]を見てみると、共働き世帯は2000年頃から専業主婦世帯を上回りはじめ、2022年時点では共働き世帯が1262万世帯、専業主婦世帯が539万世帯と、共働き世帯のほうがかなり多くなっていることがわかる。

しかし、だからといってシミュレーションモデルを簡単に変更できるかと言えば、そういうわけにはいかない。データを用いる以上、社会や労働、雇用などの実態とかけ離れたモデルをつくったとしても、そのモデルはデータをうまく説明できるものにはならず、推計が意味をなさなくなってしまう。

また、モデル構築は先行研究などを踏まえた理論性が必要で、研究者の直感や思いつきでつくるものではない(直感や思いつきが研究のタネになることはある)。こうあるべき、という理想論と現実は異なるのだ。そこで今回は、過去にJILPTが同様のシミュレーションをおこなったときのモデルを下敷きにしている。

(19) https://www.jil.go.jp/kokunai/statistics/timeseries/html/g0212.html

もちろん、２０４０年の未来において、今回構築したモデルの前提となる社会や労働の状況が現在と同じかと言えば、そうではないだろうし、そうあってはならない。**性別や年齢など関係なく誰もが活躍できる世の中をつくることなしに、今後の日本での生活維持サービスは成り立たない**のだ。ただこの点は、さまざまな仮定をもとに未来を予測する、シミュレーションが持つ制約の一つとも言える。

逆に言えば、**社会や労働のシステム自体にアプローチすることで、労働供給制約という問題に立ち向かうことができる**という事実を示すものでもある。人口動態に基づくシミュレーション結果は間違いなく「座して待つと起こる未来」ではあるが、変えることができるのだ。

第二のポイントは、将来のさまざまな予想が、現在想定しうるシナリオに基づくものだということである。

たとえば、労働需要側のモデルに組み込んだ名目GDP成長率は政府発表のベースラインを踏まえており、労働供給側では社人研が発表した将来人口推計をベースにしている。これらの値自体、それぞれの仮定に基づくものであるし、当然将来は変わる可能性がある。今回のシミュレーションでは「ほとんど経済成長せず、人口が減少する日本」を想定しているが、そうではない日本を想定したシミュレーションを仮におこなったとすると、もちろん違った結果になりえるだろう。

たとえば将来人口推計について見てみると、２０２５年は平成29年発表で１億２２５４

万4000人であったのが令和5年発表では1億2326万2000人、2040年は平成29年発表で1億1091万9000人、令和5年発表で1億1283万7000人となっている（いずれも全年齢、男女計）。もちろん微細な差ではあるが、こうした数値は変化させられるのだ。

つまり、私たちにできることは、「座して待てば」起こってしまう労働供給制約社会の未来に対して、社会や労働のあり方をどう変えられるかということである。

どのようにすればより多くの人が労働に参加できるようになるか。参加できないとしたら壁は何か。労働供給が〝パツパツな〟状態から、私たちはどのような手を打てるのか。データがあれば、数字があれば、私たちは議論をはじめることができる。

シミュレーションの結果に、ただ悲観したり諦観《ていかん》したりするのではなく、予測される未来を数字で直視することで、今から具体的な一歩を踏み出せば、私たちは将来を変えることが可能なのだ。

第3章

生活維持サービスの縮小と消滅

これまで述べてきたように、私たちが労働需給シミュレーションをおこなった結果として、次のような日本社会の未来の姿が浮き彫りになっている。

❶ 2040年に1100万人余の労働供給が不足する

労働供給不足の規模は、2030年に341万人余、2040年には1100万人余。およそ現在の近畿地方の就業者数が丸ごと消滅する規模である。

❷ 労働供給は今後、加速度的に減少していく

社会における労働の供給量（担い手の数）は、今後数年の踊り場を経て2027年頃から急激に減少する局面に入る。2022年に約6587万人であった労働供給量は、現役世代人口の急減にともなって2030年には約6337万人、2040年には5767万人へと減少していく。

❸ 労働需要はほぼ横ばい

社会における労働の需要量（消費量）は、今後も横ばい、微増傾向で推移する。労働需要が減少しない背景には、2040年までの日本社会においては高齢人口が減少しないことがある（高齢人口のピークは2040年代半ばと推定されている）。高齢人口は医療、福祉業や物流、小売業

など労働集約的な対人サービスに対する依存度が高く、こうした業種に従事する職種を中心に労働力の消費量は今後も増加する可能性が高い。

人材確保は最優先の経営課題

ここまで見てきたように、労働供給制約は単なる人手不足論ではない。後継者不足や技能承継難、デジタル人材の不足などといった産業・企業視点からの問題ではなく、「生活を維持するために必要な労働力を日本社会は供給できなくなるのではないか」という問題なのである。

そう考えると、全国津々浦々で毎日のように報じられる、さまざまな業種・職種で人手が不足しているというニュースが、違った視点で見えてくるのではないか。

- 介護職　40年度4200人不足　知事答弁『人材確保　喫緊の課題』＝富山
- 九州・沖縄の建設・運輸、人手不足深刻
- 老朽化や技術者不足で満身創痍《まんしんそうい》の水道インフラ
- 観光・飲食　人手取り合い　企業5割『正社員不足』　民間調査
- 整備士が足りない　疲弊する現場、修理は1カ月後

●6割の施設で薬剤師採用難　地方、中小ほど傾向顕著に
●先生が足りない、担任がいない　長時間労働敬遠か　空席埋まらず自習続き【大阪】
●警察志願者の減少顕著　静岡県内各署　業務体験など呼び込みに工夫
●自衛官、足りない『防衛力抜本的強化』のなか　少子化『慢性的な人不足』

介護、建設、物流が足りていないことは言わずもがな。現場ではギリギリの状況が続いており、早晩、人手が足りないことに起因してサービス水準を切り下げることになるだろう。

介護現場の問題は私たちの生活の質（ＱＯＬ）に直結する問題であるし、住宅の建設が遅れたり、宅配サービスが休日に届かなくなったりといったことは早晩起こる可能性が高い。建設や運輸の人材難の問題は、災害後の支援や復旧の遅れにもつながる。つねに災害と隣り合わせの社会である日本において、大きな問題となっていく可能性が高い。

観光・飲食に関してもまったく人手は足りていない。２０２３年の夏に九州に行った際、飲食店の経営者が、「もっとお客さんを入れられるんですが、これ以上入れると従業員が辞めちゃうので、今は完全予約制にして、さらに席の数を減らしてなんとかやっています」と話してくれたことを憶えている。

他方で、別のホテル経営者は、「またコロナみたいなことがあるかもしれないので、とにかく儲けられるうちに儲けないと従業員を養えない。今は従業員にちょっと無理してもらってで

もお客さんを受け入れていますし、そのために臨時賞与を出しました」と言っていた。方針はまったく違うが、人手が足りていないことには変わりない。

インバウンドで盛り上がる観光や飲食業では労働需給が急速に逼迫《ひっぱく》している。こうした状況が、人材確保を経営課題のなかで最も優先的に取り組まなくてはならないテーマとしている。

エッセンシャルワーカーが足りない

労働供給制約は、シミュレーションでも取り上げた職種だけに起こっているのではない。こんな職種でも、といったところでじつは起こっている。調査をしていた私たちも、驚かされることが多くあった。以降に挙げていくのは、あくまで一例である。

自動車整備士に代表されるような整備に関する仕事も人手が足りていない。ドライバー職種の人手不足はよく言われているが、ドライバーの人たちが「安全に、そして〝普通に〟車を運転する」ことを支えることすら覚束《おぼつか》なくなるかもしれない。それは車に限らず、鉄道や飛行機でも同様の状況が広がっている。

鉄道やバスを運行するある会社は、次のように言う。

「鉄道の運転士は自動化でなんとかなるかもしれないが、最大の問題は保線作業員や電車の整備、駅の管理を担うスタッフの確保です。運転士の人数はじつは少数で、鉄道の運行に必要な人員の4分の3はこうした作業員や整備士たち。この人員が今、一番足りていないんです」

人が乗る、物を運ぶ機械を滞りなく運行させるための点検・整備という仕事が人手不足で機能不全を起こしたとき、それは私たちの生活が滞ることを意味する。

薬剤師も足りていない。とくに地方で深刻となっている。医療従事者というと病院で働く、医師・看護師・技師・さまざまな専門職といった医療スタッフが想起されるが、私たちの健康を支えるエッセンシャルワーカーがいるのは病院だけではない。さらに言えば、エッセンシャルワーカーと言われる専門職だけがいればいいわけでなく、そのエッセンシャルワーカーの仕事を成立させている多くの仕事があることも忘れてはならない。

学校の先生も足りていない。これも大きな話題になっているが、次のようなことが私の身のまわりでも実際に起こっている。

知人の小学生の子どものクラスに担任の先生がおらず、副校長の先生が〝代打〟を務めているそうだ。必要な先生を確保できず、致し方なく、本来、担任クラスを持たないはずの管理職である副校長が穴埋めをしている。聞けば、こうしたクラスに年度の途中から新任の先生が着任することもあり、その場合には1年の途中で担任が代わるそうだ。クラス説明会では、「なぜうちの子が担任のいないクラスに選ばれたのですか」といった質問が保護者からは出たという（教員不足を嘆きたいのは副校長もだろう）。

問題は教員不足が、改善の兆しのまったく見えない状況で、一過性の問題ではないことだ。この傾向が加速すれば、数年後には「なぜうちのクラスに担任をつけてくれたのですか」という質問を、保護者がすることにもなりかねない。

顕在化する警察官、自衛官のなり手不足

例を挙げるなかで最後に取り上げたいのが、警察官や自衛官といった私たちの生活の安全を直接守る仕事の人手が足りなくなってきていることだ。警察官の不足はまだ顕在化していないが、じつは応募者数の急速な減少というかたちで、今後数年でまさに顕在化しようとしている大きな課題である。

たとえば、鹿児島県警では2014年度の応募者数は1025人。これに対して2023年度では387人[20]。1025人から387人だ。私も思わず目を疑った。ここ10年で、じつに6割減となっている。もちろん警察官に対するニーズの増減や定員の過不足もあろうが、警察官に対する必要性がここ10年で「6割減」になっていることは考えられず、率直に言って生活者

（20）南日本新聞、2023年5月30日。

の1人として不安としか言いようがない。

大阪府警では、2018年度に1万人台だった応募者数が2022年度は6789人[21]と、こちらはここ数年で3割以上減ってしまっている。都市部・地方部を問わず、このように警察官のなり手も急減している。警察官や消防士の不足も、今後大きな社会問題となっていくだろう。

もちろん、人口動態の問題だけではなく、民間企業が働き方改革や賃上げなどを積極的におこなった結果として、公務員の待遇・環境面での魅力が相対的に低下していることも大きな原因だ。

しかし、そもそも思い出していただきたいのは、こうした民間企業の待遇・環境改善競争は若手採用難を背景に加速しているのだ。労働供給制約によって、民間企業における待遇・環境改善による若手の取り合いが加速し、結果としてその競争についていくことができていない公務員の人材獲得が困難になっている。そう、すべては労働供給制約によって引き起こされているのだ。

さらに、自衛官も同様の状態にある。2021年度までの10年間で応募者数は26%減少している。2022年度に9245人を採用する計画だったが、実際の採用者数は4300人程度で、大幅な〝採用計画未達〟となった。民間企業であれば採用責任者のクビが飛びかねない。安全保障は言うにおよばず、災害対応でも存在感を増し、あまつさえ「防衛力倍増」と言われているが、今後の日本が供給できる人材の量で自衛隊のミッションは達成可能なのだろうか。

ここに挙げた職種は本当に一部に過ぎない。しかし、労働供給制約がどういった社会をつくろうとしているのかは想像いただけたのではないか。

私たちの生活を維持するあらゆるプロ・専門職、そしてそのプロたちを支える人すら足りない。企業は人材を取り合い、なんとか人材を獲得しようと、さまざまな競争が起こる。

話はそれるが、私は労働供給制約社会で効果的ではない解決策は、「余っている分野から足りない分野に人を動かす」などの「人を動かす」発想だと考える。地方創生の文脈で、さまざまな移住促進施策が打たれているが、日本全体で人が足りなくなる、いわば人材の〝ゼロサム、マイナスサムゲーム〟なのだから、人を右から左へ動かすことで解決することはない。ある地域に人が動けば、その人が前にいた地域の人手が足りなくなるだけだからだ。

各業種の人手不足対策でもそうだ。介護人材の人手不足を介護職の働き方改革により解消したとする（もちろん介護職の働き方改革自体は重要だ）。すると何が起こるか。今度は看護師や技師などの医療スタッフが足りなくなる可能性が高い。教員不足の問題を解決しようと教員の待遇が突然よくなったとする。すると今度は警察官や消防士が足りなくなったりするのだ。

（21）朝日新聞、２０２３年2月26日。

そもそも絶対的な労働供給数が足りないのだから、人の取り合いは社会全体から見た場合に有効な打ち手とはなりえない。特定の職種の待遇改善で何とかなる問題ではない、それが労働供給制約社会なのだ。

人の力を拡張する、人がいろんなシーンで活躍する、そんな新しい発想が必須だと考えるのはこういった理由がある。こういった話は具体的に、第5章以降の「解決編」で述べる。

生活が大変で、仕事どころではなくなる

あらゆる領域で人手が足りなくなっていく——。その実像について、生活維持サービスの労働需給をシミュレーションした結果が雄弁に語っている。以下に出てくる数字は、すべてシミュレーション結果に基づくものだ。

●ドライバーがいないために、荷物が届けられない地域が発生

（2040年のドライバー職・不足率予測24・1％）

「荷物が届くかどうか」が、人が住める地域を決めるように。日本の4分の1の地域は事実上、荷物の発送も受け取りもできず、居住不可能になる。

●介護現場で介護スタッフ不足が深刻化し、欠員が常態化
（2040年の介護サービス職・不足率予測25・2％）

週5日訪問介護を受けていたが、毎週のように週に1～2日は急な連絡で介護スタッフが来られない。高齢者自身や家族だけで対応せざるをえず、家族全員の生活を圧迫。また、働いている家族は仕事をあきらめることに。

●建設作業に従事する施工管理者・オペレーターが慢性的に不足
（2040年の建設職種・不足率予測22・0％）

メンテナンスが必要な道路のうち78％しか修繕できず、地方部の生活道路は穴だらけに。橋梁の崩落など事故も相次ぐ。結果、渋滞が増えるなど移動にかかる時間が増加し、何をするにも時間がかかるようになってしまう。

●医療スタッフが必要数に対して足りず
（2040年の保健医療専門職・不足率予測17・5％）

病院設備はあるが医師・看護師をはじめとする医療スタッフがいない状態に。開いている病院も診察まで長蛇の列。病院で診察を受けることが1日がかりのタスクに。救急搬送先も確保

できず、救急車の立ち往生が常態化。

繰り返すが、労働供給制約社会で最も懸念されるのは生活維持サービスである。私たちが実施したシミュレーションの結果からは、その実態が明らかになってきた。注文したものの配送、ゴミの処理、災害からの復旧、道路の除雪、保育サービス、介護サービス……。私たちが日頃恩恵を受けているあらゆる「生活維持サービス」は、すべてかけがえのない人々の労働によって提供されているのだ。

2040年の日本に起ころうとしている生活維持サービスの労働供給制約は、このような社会の出現を予測している。そして、私たちの生活が破綻するとともに、さらに次のような状況に陥るだろう。

●ホワイトカラーであっても、人手不足に起因するサービス水準低下、消滅に直面

普通に働こうとしても十分なサービスを受けられず、十分な時間を仕事に費やすことができなくなる。つまり、生活が破綻し、仕事どころではなくなってしまう。

●現場の人手が逼迫し現役世代に余裕がなくなり、後進・若手を育てられない

後継者がいないため廃業に追い込まれる技術力のある中小企業や、若い人が職場におらずベテラン、シニアが大量の残業をして仕事をこなす大企業。

労働供給制約は都市部のホワイトカラーも含めたすべての人の生活に影響する問題であり、結果として**「生活が大変すぎて仕事どころではない」**多くの人を生んでしまう。

イノベーションを起こす余力がなくなる

「生活が大変すぎて仕事どころではない」状況は、悪循環を生み出す。

生活に追われて、仕事が十分にできなくなり、その人の専門性を活かした力が社会に提供されなくなれば、その力を欲していた人々の生活が大変になるかもしれない。また、若手が採用できず、人が育たなくなれば80代、90代までずっと、無理してでも全力で働かなくてはならないかもしれない。

当然だが、生活と仕事は密接に関係しており、生活維持サービスにおける労働供給制約の問題は、あらゆる人々のライフスタイルを変えるだろう。社会全体の経済活動の停滞・縮小が長期的に継続するとともに、生活を営むうえで必須のサービスすら維持できず、生活水準が低下するのだ。

生活面での負担が増えることで、人材輩出・活躍が停滞し、労働供給制約がいっそう加速し、さらに私たちの生活が難しくなる悪循環が起ころうとしている。

経済社会全体では、さらに大きな悪循環も起ころうとしている。

生活維持サービスに現役の労働力の多くを回さざるをえないために、先端分野に対する人材供給が後回しにならざるをえない。経済活動がいっそう停滞し、その結果、生産性が上がらず継続的に多くの現役の労働力を生活維持サービスに回さざるをえなくなる。

労働供給制約を経済社会の視点で見た際に日本経済に想定される、「生産性を上げるための技術開発や社会実装に向き合う人材の余力がなくなり、生産性が上がらず、さらにイノベーションを起こす余力がなくなる」シナリオは極めて深刻であり、誰かの感想にあったように日本社会が「詰んで」しまう恐れがある。

こうした人類社会の新局面に世界ではじめて直面する日本は、新しい発想で手を打つことが求められる。その発想を実行する余裕すらなくなってしまう、この社会に生きる人々の生活を回すのに一杯いっぱいの労働力しかない状況となる前に、今、手を打たなくてはならない。

労働供給制約によるパラダイムシフトがはじまる

人口動態はまず大きく変動することがない最も確実な将来予測であり、労働供給制約社会がやってくること自体は避けられないと考えられる。この変化の影響は労働社会だけにとどまらず、私たちの生活面にも深刻な影響を与えるだろうし、企業経営も、人々の仕事への向き合い方も変わらざるをえない。

労働需給シミュレーションは、人と社会の関係性について、大きなパラダイムシフトの可能性を示しているのだ。

また同時に、現在の人手不足が深刻化している状態ですら、まだまだはじまりに過ぎないことも教えている。2040年にかけての日本の人材採用を端的に表す言葉は「今が一番人材を獲得しやすい」になるだろう。去年よりも今年、今年よりも来年のほうが人材確保が困難な状況となる。

すでに実感している人も多いだろうこうした人材獲得の現場感は、企業の採用意欲を加速させ、人材獲得にいっそうの激しい競争を生み出す。人材を獲得するために経営戦略を変えたり、資金調達をしたり、新商品を開発したりといった過去になかった動きを引き起こすだろう。

第4章

働き手不足の最前線・地方企業の窮状

地方企業、自治体の切迫感

労働供給制約が本格化しようとしている日本。生産年齢人口比率の低下による影響が真に深刻化するのはこれからだが、すでに一部の地方の現場を皮切りに、労働供給制約を背景としたさまざまな影響が出はじめている。

私たちは研究の一環として、各地に足を運び、その課題感を一端でも把握しようと努めるとともに、試行錯誤に加わるべくワークショップを実施したり、自治体と協働したりと、調査研究に限らず活動している。

本章ではそうして見聞きしてきた実情を、労働供給制約という観点から整理する。数多くの産業・職種で同時多発的に働き手が足りていない状況のなかで、地方の企業や自治体は、どのような現場と向き合っているのだろうか。第5章以降の「解決編」を前に、現状を共有したい。

ここに記している内容は地方の現場においては、もはや当たり前かもしれないし、とくに切迫した人手不足に直面する職種で働いている人にとっては「何を今さら」と感じるかもしれない。

しかし、地方の労働供給制約という課題がどのような状況を生み出しているのか、〝最前線〟をより多くの人が知ることなしには議論は進まないと考え、本書「課題編」の末尾として、日本の地方とその現場を見ていきたい。

まずは、現在の地方企業がひしひしと感じている切迫感と、試行錯誤をはじめている状況がよくわかる、とある社長の話から紹介する。課題意識の高い地方の企業の声としてお読みいただきたい。

【事例❶】

「地元の企業同士で若者の取り合いになる」

（東北地方・製造業中小企業A社・代表取締役社長）

100人ほどの従業員を抱えるA社。創立から100年以上の歴史を誇り、その市に住む人なら誰もが知るような地域企業である。代表取締役も代替わりして、これまでにない規模の設備投資をおこない、最新の機材を入れるなど大きな経営判断を経ている。その技術に目を付けたのか、私がうかがった際にはあるグローバル企業が工場を視察しているところに出くわした。そんな地域を支えるA社の代表取締役は、経営者として人手不足をどう感じているのか。

生産工程に携わる人材が採用できない

「人手不足の問題は経営上、優先順位が非常に高いです。デザイナー職や営業職はおかげさまで足りています。ただ問題は、肝心の現場でモノをつくる作業をする人材です。全然、採用はできていません。中途採用も多く採っていますが、現場職への応募はまったくないのです。取り合いになっているので、より条件のいいところに行っているのかもしれませんが……」

モノづくりの根幹を支える生産工程に携わる人材が、まったく採用できていない。そんな危機感を強め、A社ではやれることはやろうと、手を打ちはじめていた。

「労働環境改善に強い関心があるんです。とくに女性活躍を進めており、なんとか働きやすい会社にしようとしています。その結果か、すでに社員の45%は女性です。厚生労働省が女性活躍の推進が優良な企業を認定する『えるぼし』も取得しました。まずは女性が仕事をしやすい環境にしないと、人手不足の問題がまったく解決されないからです。また、現場の労働環境も人手がなるべくかからないよう自動化を進めており、モノづくり現場の〝3K〟のイメージを変えていこうとしています」

地方の中小企業が抱える人手不足の問題をどう解決するのか。試行錯誤の様子が垣間見える。さらに、A社では労働環境の改善だけでなく、賃上げにも取り組んでいた。

「社員の人数が減っても効率的にどう回すかも考えています。〝賃金を上げましょう〟という社会環境になってきたので、1人あたりの賃金を増やすためにも効率化が必要です。社長としても、社員の賃金は上げたいし、とくに若くて未来のある人や、がんばっている人にはしっかり報いたい。弊社でもベースアップはここ数年、毎年実施しています。今年は弊社として近年で最高水準の引き上げをしましたが、すべて人手不足対策のためです」

労働環境改善、賃上げ、こうした手を打ったうえで、老若男女の多様な人材に魅力的な会社をつくろうとしている様子がうかがえる。驚いたのは、人材採用の実際について、会社のトップである社長が相当に詳しかったことだ。

「シニアの方はもともと弊社には少なかったのですが、今は60歳以上のスタッフが15名います。ここからさらに増えていくと思います。『まだまだ、働きたい』という人が多いのは頼もしいですね。もちろん、若手の採用もしています。新卒採用では、大学生のインターンシップを毎年、2週間ほど実施して10名前後受け入れているんです。だいたいこの中から、入社者が出てきています。正直、インターンシップの受け入れは大変ですが、先行投資としてやっています。面接では、当たり前のように『土日は必ず休みですか』とか『残業はどれくらいありますか』と聞かれますね（笑）」

若手の稀少性が高まっている

A社の代表取締役は経営者としてはまだ若いほうで、リーマンショックを若い頃に経験している世代でもあり、その当時の就職活動の状況と比べると、今の学生たちが面接で待遇や休みについて単刀直入に聞いてくることに驚いていた。

ただ、地方の企業で採用の話を聞くと、初対面の社長であっても学生が待遇の話を聞くのはもはや当たり前になっているようで、それは別に学生が変わったわけではなく、社会が変わったのだと思わされる。1人の人材、若手の稀少性が高まっているのだ。より条件のいい会社で働ける可能性が高いのだから、就職活動でそれを確認したいと思う気持ちを誰が責められようか。

「学生向けのPRは本気で考えないといけないと思っています。今後、もっともっと採用が厳しくなるのは目に見えていますので。若者がどんどん貴重になるなかで、地元の企業同士で地元の若者の取り合いになると考えたら、ぞっとする。そのなかで、どう会社と地域が生き残っていくかを考えていきます」

最後にこんな話も聞くことができた。

「子どもが生まれたばかりの女性社員から、大学院に通いたいという希望がありました。私も嬉しくて快諾したのですが、それは会社がそういう学びたいという気持ちを後押ししないといけないと思ったからです。営業の仕事だってリモートでできる時代です。学び直しや副業で自社での労働時間が減っても、いろいろな経験をしている人が結局は高い成果を出すんです。だから、自社で働く時間が減ってもいいので、1人ひとりの社員にはどんどん学び、知識を吸収してほしいですし、それが人材がどんどん貴重になる社会で会社が生き残る道なのかなと思っています」

私はこの話を聞いて、これほど問題意識を持ち、先手を打って設備投資や労働条件・環境改善をおこなっている企業であっても、人手の確保に苦心していることを痛感した。とくに衝撃を受けたのは、社長が「**地元の企業同士で地元の若者の取り合いになる**」という近未来を明確に感じていたことで、「ぞっとする」という社長の言葉にその場で戦慄を抑えることができなかったのを憶えている。

【事例❷】

「人手不足で店を畳まざるをえない」

（東海地方・非営利団体B・代表）

続いての話は、東海地方を拠点に地域の人材育成を支援している団体の代表の声である。地域の中小企業の人材開発について20年以上前から継続的に支援・伴走し、地域企業の状況を踏まえてさまざまな取り組みをおこなってきた、地域の人材育成の中核となっている団体だ。

活動のなかで、現在どのような現場と直面しているのか、代表に聞いた。「地域のたくさんの会社とかかわるなかでの肌感覚ですが」と断りながらも、次のような話が出てきた。

まかないをつくる余力がない

「圧倒的な人手不足に直面して、これまでは普通にできていたことができなくなっている会社が出はじめています。たとえば、地元のある旅館が、道の駅で売っている弁当を買っているんです。話を聞いたときには、旅館がその弁当を宿泊者や観光客向けのサービスやおもてなしとして委託販売しているのかなと思ったんですが、そうではありませんでした。単に〝まかないをつくる余力がない〟からなんです。
つまり、これまではその旅館の厨房でつくっていた従業員のまかないを用意するだけの人手がなくなってしまったために、よそが売っている弁当を旅館が買うといったことが起こっているのです。旅館の従業員にとってまかないは必須ですが、それをつくる人手すら足りず、ギリギリでやり繰りしている。当たり前にできていたことが人手不足でできず、限界までやり繰りをした末に、できないことが出はじめています」

もちろん、まかないをつくる余力がないから弁当を買うことで、本当に必要ではない業務から削減している状況と考えられる。ただ、今後さらに労働供給制約が加速していくなかで、はたして中核となる本業の仕事をどこまで守ることができるだろうか。

「地元の歴史ある醸造会社も、まったく人を採用できないそうで、相談を受けています。とくに会社にとって一番大事な現場を担う若手がいない、と。もちろん、今は行政や自治体も人手不足を強く課題視していますから、行政によるさまざまな若手採用支援の取り組みもあります。でも、その醸造会社さんは『支援はありがたいですが、私たちの切羽つまった悩みは、いつになったら解決できるのかわかりません。このままでは早晩、人手不足で店を畳まざるをえない……』と不安を漏らしていて、それが頭から離れません」

「いつになったら人手不足は解決できるのか」――。多くの中小企業の声だ。伝統ある会社、技術力のある会社、社会にとって必要なモノやサービスを提供している会社でも、状況は変わらない。人手が確保できず、自分たちがこれまで当たり前にできていたことができなくなる、という不安と戦っている。

【事例❸】

「閑散期のはずなのに毎日仕事を断っている」

（東北地方・警備業中小企業C社・取締役）

さまざまな場で必要性が高まっている警備業の企業からも、現場で何が起こっているのかを聞くことができた。建設工事において必須の、道路などのインフラ工事の現場での交通誘導や工事警備を担う企業の声である。

「地域全体で警備員のなり手が減っています。かつては市内の警備会社で合計300

人ほどいたのが、ここ3、4年で200人ほどに減っているんです。その影響もあり、閑散期にもかかわらず、毎日のように仕事を断っています。もっと言うと、工事現場などはすでにうまく回っていない感覚もあります。原材料費の高騰や人手不足もあると思います。これから10年後、20年後の現場を考えても、昨今話題のＡＩ（人工知能）の導入がどれだけ私たちの現場の仕事に効果があるのか……」

道路工事などのインフラ工事には警備が必須であり、Ｃ社はそれを担っているのだが、地域の業界全体でなり手が急激に減少している。警備の仕事は「立ち仕事＝つらい仕事」というイメージがあり、人材難に拍車がかかっているのかもしれない。Ｃ社はそんななか、労働環境改善などさまざまな手を打っている会社だが、それでもこれまで当たり前にできていたことができなくなってきているという。

「先日、市内のすべての警備会社が人手不足で警備を断らざるをえなかった工事現場がありました。もちろん警備は工事を進めるうえで必須ですから、この現場には県外から警備会社が来ていました。ただ、建設会社はその警備会社に対して通常の3倍の単価に加えて、警備員の交通費や宿泊費を支払っていたそうです。それくらい、人手が足りなくなってきているんです」

地域のすべての警備会社が人手不足で地元の仕事を断り、それに対して県外の会社に頼まざるをえない状況。もちろん今はまだ警備の単価が数倍になっても、その建設会社の経営努力によりしっかりと業務を遂行できたようだが、もしさらに人手不足が加速し、より遠くの会社に頼まざるをえなくなった場合、その工事は安全に遂行できるのだろうか。労働供給制約によって当たり前が当たり前でなくなりつつある。

【事例④】
「このままでは車検制度が維持できない」
(東海地方・自動車整備業D社・代表取締役社長)

整備士がいなくて労務廃業に

トラックや自家用車の整備・点検をおこなっている自動車整備業の経営者からは、こんな声が聞こえてきた。

「率直に言って今の現場の状況を見ると、このままでは車検制度が維持できなくなるのでは、という危機感があります。採用は本当にできません。経験者の採用はここ数年まったくできておらず、たとえば工業科の高校生なんて高嶺の花で、みんな自動車メーカーの工場などに行ってしまう。なので、私たちのような整備工場は普通科の高校生を採用してゼロから育てているんです。大型自動車の整備は大事な仕事だと言われていますが、大型をやる人間はとくに減っています」

幹線道路などにおける自動運転が早期に実現したとしても、絶対に必要なのが整備業だ。とくに自動車の整備はトラックなどだけでなく、地方では人々の生活の足となる自家用車の整備などにおいても必須の仕事だと言える。それが現在は大型車の整備で人手が一杯いっぱいとなっており、人々の自家用車にまで手が回らなくなってきている……。

「車検制度が維持できない」という声には、構造的な人手不足が今の仕組みを変えてしまうという、不気味なほどに大きなエネルギーを感じざるをえなかった。

「仕事はあるんです。でも断らざるをえないんです。不思議かもしれませんが、これが今現場で本当に起こっていること。それでも断われない業務があるので、従業員に無理をさせざるをえない。そして従業員が辞めていく、もっと労働環境が悪くなる、という悪循環になっているなと思います。

県内の知り合いの会社の話ですが、とある国家資格が必要な運搬に関する専門職が突然、退職してしまって、その人しか有資格者がいなかったので困り果てているそうです。理由は、他社に引き抜かれたから。年収900万円近い破格の待遇での引き抜きで、『うちの会社ではとても払えない』と言っていました。

そんな状況で地域の整備業では、整備士がいなくて廃業している会社が本当に多いです。『労務廃業』というやつですね。だから、仕事は残っている会社にどんどん集まって増えるわけですが、全然ありがたくないんですよね」

仕事はあるが、人手がいないため断らざるをえない。そんななかで必要な人手を求めて地域の企業同士が破格の待遇で数少ない人手を奪い合っているのだ。

これはもちろん、働き手にとっては悪いことではない。しかし、その地域で必要な数を、働き手の実際の数が下回ってしまったら、生活維持サービスの質の低下を止めることはできない。残った数少ない働き手に仕事が集中しても、すべてを受けることはできないのだ。

〝労務廃業〟という言葉は、仕事はあるのにそれを受ける人手がおらず、継続が難しくなる地域の生活維持サービスの状況を言い表す言葉だと強く印象に残っている。

【事例❺】

「減便でも『しかたない』ほどの人手不足」（東海地方・バス会社E社・代表取締役社長）

人手不足で相次ぐバスの減便や路線廃止

地域の高齢者を中心とした人々の生活の足を担っている、バス会社の経営者の声も紹介しよう。

「今は75歳の運転手がいます。その人は一度定年になったんですけど、頼み込んで再度運転手になってもらいました。運転手の平均年齢は今62～63歳。一昔前なら立派な高齢者の年齢なんです。

今まではバスの運行をなんとか維持できていましたが、来年の春からは減便を実施する予定です。お客さんが減っているのもありますが、それよりも圧倒的にドライバーが足りないのが原因です。むしろ地域に高齢者が増えていることもあり、行政からは『なんとか維持できないか』と再三話がありました。そのうえでの減便ですが、人手不足の現状をつぶさに伝えたところ、行政側も最後は『しかたない』と。もううちの会社にも行政にも、打つ手がないんですよね。

女性の本社管理職の人に、運行管理者の資格をとって現場に出てもらうなどして、なんとかしのいでいます」

高齢者の生活の足として必要性が増しているバス路線。２０２３年に入って減便や路線廃止が相次いで報道されるようになった。その実情には、平均年齢が62・３歳の運転手によって担われている地域の交通インフラの苦境がある。

減便の判断に至ったこの会社だが、人手不足の現状を行政に伝えたところ、行政も「しかたない」とあっさりと反応したと話をしていたことが印象的だった。労働供給制約にすぐに効く打ち手など、どこにも存在しないのだ。

【事例⑥】

「配達員は70代、80代が中心。毎日１０００部配達できない」

（東北地方・配送業中小企業Ｆ社・代表取締役社長）

さらに物流関係の地域企業の声も紹介したい。新聞や広報誌、選挙公報などの配送をおこなっている企業である。

高齢者が地域の配達を担っている

「新聞であれば1万数千部を配達しているのですが、だいたい毎日1000部ほど配達ができていない状況です。それをどうしているのかと言えば、配達担当以外のスタッフが手分けして配っています。こうした慢性的に人が足りていない状況になってきたのは、コロナ直前の2019年くらいから。もう3、4年この状況が続いていて正直つらいです。1人あたりの配達量は変えていないのですが、配達スタッフも徐々に高齢になっています。最近では、朝に突然『体調が悪い』とか、冬には『転んだ』といった連絡が入ることも増え、どんどん配達員が離脱しています」

高齢者が地域の配達を担う現状——。とくにここ数年で人手不足は悪化し、ギリギリのやり繰りが続いているという。「つらい」という言葉をD社社長がこぼしていたが、現場で起こっていることをさらに詳しく聞いた。

「現在、配達スタッフの平均年齢は60代半ば。80代前半の配達員も多く、最年長は86歳です。信じられますか？　健康で元気な高齢者が多くなっているので頼もしいですが、現役世代が働くのとは違う配慮が必要になってくるのも事実です。

近年、配送のラストワンマイルを、戸別配送しているわれわれのような地域の会社に担ってもらおうという議論がありますが、机上の空論にすぎません。現状は70代、80代のスタッフが中心で、重いものや大きい荷物を持ち運ぶのは難しいですし、5年後、10年後にどうサービスを維持できるのか想像できていませんよね。昔みたいに現役世代が配っているのではないんですから」

配達の仕事で利益を出すのは難しい

地域の戸別配送は、70代、80代の高齢者によって担われているというのだから衝撃だ。元気なシニアが増えているのは間違いないが、転倒するリスクをはじめ現役世代の人材活用とは異なる配慮が必要となる。そう考えたときに、今のサービス水準を今後も持続的に提供できるとは限らない。物流大手が担っている部分だけでなく、さまざまな人手を介するサービスがいつまで維持できるのかという切迫した状況が、すでに現実のものとなっていると感じさせられる。

「これは結局、高齢化の問題が顕在化している話だと思います。住んでいる人が歳をとっていく。だから配送してほしいものは増えるし、ニーズは高まるけれど、それを担う人がいない。その現場の大変さを、テクノロジーでどこまで解消できるか。社会に実装されるまでのタイムラグもあるので、私たちの抱える現場に間に合うのかと。

でも、自分でできることから実行するしかないですから、２０２２年に社員の給料を13%上げました。さらに現場の配達スタッフの給与は33・3％上げました。じつは2000年以降で初の賃上げで、自分があとを継いでからも、もちろんはじめてです。

もはや配達の仕事で利益を出すのは厳しいです。でも、現場の人たちの仕事のおかげで、この会社が地域から必要とされているわけだから手厚く報いたいと決断しました。この効果で配達スタッフが退職しにくくなったような気はしますが……。でも、新しく入ってくる人は減っているので、人繰りはどんどん厳しくなっています」


この社長は40代で、その地域の経済界で中核を担っている若手経営者の1人である。右の話ではっきりと認識させられるのは、人手不足が「どんどん厳しくなっている」ということと、それに対して賃上げなど試行錯誤を繰り返してなんとか現状を維持しているという状況だ。もちろん、紙の印刷物の配送自体が今後、徐々に不要になっていく可能性は高いが、それを必要とする人々が世代交代するまでの期間すら今のやり方で持続可能なのかはわからない。

さらに感じるのが、この会社の状況は地方で先行する一例に過ぎず、**今後、平均年齢が「60代半ば」の働き手によって担われる生活維持サービスが、どんどん出現してくる**ことを予告しているように感じる。

そう考えたときに、この社長の話は、私たちが今後直面する社会とその課題を的確に先取りしているのではないだろうか。

上がる賃金、集まらない働き手

さらに、地方の企業経営者からは、賃金水準の話も頻繁に出てきた。

とある地方の鉄道とバスの運行会社では、2023年の昇給率は4・4%だという。「人にお金をかけないと人手が集まらないからだが、このペースでいくと10年後に年収が1・5倍になる」と幹部社員が苦笑しながら話していた。

同様の話は各所で出ていて、たとえば「製造業の現業スタッフへの派遣単価が、ここ4、5年で20~30%上がった」といった話や、はたまた、「人件費が安いからと、ある企業が進出してきて大規模な工場をつくったが、人が十分に確保できていないために全面稼働ができていないようだ。稼働率は5、6割と聞いている」といった話も耳にした。

後者の話について、確かに検索するとその工場の求人応募がさまざまな職種でたくさん見つかった。「急募」と書かれた求人では、その県の最低賃金を10~40%上回る時給でパート・アルバイトが募集されていた。なお、1カ月後に再び検索しても「急募」と書かれた求人はそのままであった。つまり、働き手になる人がそもそもいないのだ。給与が多少（といってもここ数年で2~3割上がっているのに、である）上がっても、人手の確保が極めて難しくなっているのだ。

地元だけでは人が確保できず、ほかのエリアで担い手を確保しようとする動きも幅広い企業で広がる。関西の大手アミューズメント施設では、2023年6、7月にはじめて九州や四国といった地域でのアルバイトスタッフの説明会を実施した。遠方となるので、転居にともなう交通費や引っ越し代、家賃補助などまで出る至れり尽くせりの条件だそうだ[22]。外資系スーパーマーケットが全国一律で時給1500円で採用していることも知られている[23]。

そうした動きを受けてか、地方都市で時給1000円以上の求人を見かけることも稀ではなくなった[24]。地方の求人を見ていると、切迫した現場を抱えているような企業が思い切った条件を提示しているのが目につくようになっており、人手の取り合いになっていることを痛感する。

「どうすればいいのかわからない」

各地で起こっている実態のすべてをここで伝えることにはもちろん限界があるが、その現場感を少しでも多くみなさんへ伝えるべく、最後に人手に関するさまざまな声を点描する。こう

(22)「USJのバイト、九州からも募集」日本経済新聞電子版2023年7月24日。https://www.nikkei.com/article/DGKKZO72945420R20C23A7H53A00/

(23)会員制量販店のコストコ。なお、同社のアルバイト時給は一貫して高く、2010年代半ばですでに時給1200円台で採用していた。この水準がさらに引き上げられている。

(24)たとえば、秋田市のアルバイト・パートを調べると時給で募集している555件の求人のうち、時給1000円以上が205件(全体の36・9%)、時給1200円以上が59件(同10・6%)であった(2023年12月19日時点、タウンワークにて検索した結果)。なお、求人件数・高時給の割合、ともに同年8月に検索した際よりも増加していた。

した実態を、日本に何が起こっているのか、また何が起ころうとしているのかを考えるための足がかりとしたい。

●東北地方・電気工事分野

「電気工事を実際におこなう人材を採用したいが、なぜ人材がまったく集まらないのか……。施工管理ができる人がいても、施工できる人がいない。外注しようにも、外注先も人手不足。このままでは事業継続できない」という経営者の声。

●東北地方・測量設計の企業

「会社に育成する余力がなく、現役の測量士しか採用の検討が難しい。一方で、自社の財務状況を鑑みると、市況感に合わせた年収レンジでの採用は難しい。採用できそうな年収を出したら倒産してしまう」

●東北地方・飲食店

「店長不足により、1人の店長が複数店舗を兼務している。これにより、店舗の縮小も計画的におこなわざるをえない状況」

●北陸地方・大型車両などの整備業

「トラックや建機といった大型車両の整備をおこなっているが、設備が大型になるため、維持できず廃業する同業も多く、その影響で自分の会社は受注が増えている。しかし、人手が足りず、受注を断ったり、従業員が残業を増やしたりして対応している。従業員のことを考えると残業を減らしていきたいものの、整備士学校の生徒数も減っており、人が集まらずに困っている」

●北陸地方・介護分野

「介護現場での人手不足で、施設のシニア層のスタッフの業務負担が大きくなっている様子。その結果、シニア層のスタッフのメンタル不調による休職や退職が発生しているそうで心配です」（両親が介護サービスを受けている人）

●甲信越地方・建設業

「新潟県は建設業の比率が他県よりも高いが、現場の人手不足が深刻化しており、仕事の話をいただいても受けきれない状況となっている。このままでは新潟のインフラはどうなってしまうのかという危機感を感じる」

●甲信越地方・建設分野

「土木の施工管理不足によりインフラ老朽化への対処が追いつかなくなる。とくに住んでいる地域は数年前に河川の氾濫も起きており、各地で被害をもたらしている線状降水帯が今後も増えるようであれば今のうちに整備をしておく必要があるにもかかわらず、人手不足が深刻化している。労働環境を整えることもそうだが、資格取得の難易度を下げるなど根本から変えていく必要があるのでは」（地元住民）

●関東地方・製造業

「配管のバルブの製造現場では、いくつかの資格を持つ人が必要となるが、それを持っている人がシニアしかいなくなっている。若手を育てようとしたが、そもそも採用が難しくあきらめの気持ちになっている。これまではなんとかベテランの社員だけでしのいできたが、この社員たちが今、平均70歳前後になってきていて、彼らが引退したら会社も続けられないと思う」

●中国地方・運送分野

「ドライバーの不足、とくに長距離運送ができる従業員が少ない。ドライバーの希少価値が高くなっていて、条件のいい企業へ引き抜きにあうことが増えている」（採用などの支援をおこ

なっている人の声）

●中国地方・電子機器メーカー

「毎年、数十名の募集をしているが、どうやっても必要な人数を採用できない。このため受注見込みは立っているのに生産体制が構築できない状況になっている。さらに今いる従業員は、現場の人手不足により日々の業務に追われてしまっている」

●四国地方・人材採用・育成支援をしている人

「たとえば香川県では大学進学で約8割が県外に流出してしまう。自治体や経済団体と会話していて、人手や後継者が足らず、事業継続を危ぶんでいる人が非常に多い。それでいて明確な改善策が見えておらず、一向に解決しない人材の問題に徒労感を感じている」

●四国地方・接客業に従事していた人

「小売業で接客サービスをしていたが、〝いい人が応募してこない〟とかではなく、スタッフ募集にそもそも応募がまったくない。結局、運営店舗を減らしたり近隣店舗のスタッフにお願いしたりしていた。県外への応援勤務をお願いするような状況となり、サービス品質を落とすような状態になってしまった。近隣接客業の時給相場に合わせても、どこも人が雇えていなかったようで、時給相場もどんどん上がっていった」

● 九州地方・医療分野で採用などの支援をしている人

「医療法人で現場の人手が足りておらず、事務長が現場に出ざるをえない状況が続いている。そのため、本来の業務である事務作業がなかなか進められない」

● 九州地方・産業労働分野

「地元の企業からは、正社員の募集を出しても集まらない、UターンやIターンを求めても厳しい、外国人労働者を雇っても定着しない、と悲鳴のような声があがる。どうすればいいかわからない」（行政担当者）

「一向に解決しない人材の問題に徒労感を感じている」「悲鳴のような声があがる」「どうすればいいのかわからない」……。

今はまだ、労働供給制約社会の入り口である。人材の問題は、まず企業経営において大きな問題となり、そして生活維持サービスの縮小・消滅というかたちで社会問題となっていく。ここで掲載した最前線に立つ人々の声を受け止めて、次の第5章から解決策を提示していきたい。

第5章

働き手不足を解消する4つの打ち手

労働供給制約は日本を豊かな社会に変える

第1章から第4章までは、人口動態の変化、とくに生産年齢人口の急減と高齢人口の増加が同時に進行することで発生する、ほぼ避けられない日本の近未来、「労働供給制約社会」がどのような社会なのかをシミュレーションデータに基づいて分析・検証した。また、すでに顕在化しつつある労働供給制約によって、地方でどのような状況が起こっているのかを見た。

私たちが座して待てば、人口動態の大波にのみ込まれることは間違いない。それは、端的に言えば「生活するのに一杯いっぱいで仕事どころではなくなる」状態に個人が直面する社会である。

生活維持サービスの水準が下がったり、失われたりする。すると、通勤時間が増える、家族のケアをする時間が増える、ゴミを出すことが大仕事になるといった生活上の苦労が増えていく。その結果、生活効率が低下し、担い手不足がさらに悪化する悪循環が起こる。経済活動、経済成長どころではない。その様相のはじまりの状況は第4章で見たとおりだ。すでに生活や仕事をしていて感じている人もいるだろう。

少子高齢化による最初の重大局面は、年金問題でも社会保障問題でもなく、労働供給制約に起因したさまざまな課題に対処できるのか、である。

日本社会が直面する労働供給制約の問題に対して、NHKは2023年半ばより「働き手クライシス」と題して、各地で起こる深刻な人手不足問題の特集を放送しはじめた。働き手が構造的に足りない社会で、各地域で何が起こっているのか。これを明らかにする試みがメディアの視点ではじまったことには大きな意義がある。

働き手クライシス――。

「クライシス」と聞いたとき、私は一つのことを思い出した。

ジャレド・ダイアモンドという進化生物学者がいる。『銃・病原菌・鉄』『文明崩壊』『昨日までの世界』など、人類社会の来し方から未来を見つめる傑作を数多く発表している。その数多ある著作の一作、『危機と人類』に次のような記述がある。みなさんにもぜひ一読していただきたいので引用する。[25]

だがベストなのは、(中略)**より効果的な対処法をみつけて、以前より強くなって危機を脱することだ。これを漢字二文字の「危機」はよく表している。「危」は「あぶないこと」、「機」は「きっかけ、機会」を意味する。**

(25) ジャレド・ダイアモンド、『危機と人類(上)』、日本経済新聞出版、2020、P60より抜粋。

『危機と人類』では日本語の「危機」が持つダブルミーニングに触れるくだりが何カ所かある。英語の「クライシス」が日本語では「危機」と訳されることが、それほど興味深いことなのだろう（なお、もちろん原文は英語だ）。危機という漢字は、「危ない」と「機会」という2文字でできている。つまり、日本語の「危機」は「きっかけ」や「チャンス」という意味を含んでいる。

ジャレド・ダイアモンドは日本の過去の歴史（彼は具体的に1853年と1945年を挙げている）とその〝選択的変化〟をひいて、日本社会が危機を乗り越え続けてきたことを強調している。予測不可能な外的なショック、従来のやり方の破綻を経て、しかし冷静にそこから立ち上がる……。多くの自然災害が起こる国でもある。日本社会が繰り返してきたこうした危機と克服の営みが、日本語の「危機」という字面にも表れている。

それは、過去だけでなく、未来においてはどうか。

ここまで、今後の日本社会がさまざまな不可避の課題に直面すると述べてきたが、じつは私は、閉塞感が強いとされることも多い日本社会において、労働供給制約という危機が、日本をまったく新しい豊かな社会に変えるための突破口になるのではないかと考えている。

本章以降では、私たちが検証を進めてきた結果として見えてきた、労働供給制約社会の危機と希望の話をしていこう。

賃金上昇で企業に求められること

まず、日本の「働くこと」の今後を考えるうえで現状を押さえておく。

足元の労働市場を見ると、人手不足にともなって賃金が上昇している様子がうかがえる。厚生労働省「毎月勤労統計調査」によれば、２０２２年の現金給与総額は名目で＋２・０％の増加となり、年収水準は上がってきている。時給水準に直せば、短時間労働者の増加や労働時間縮減の動きなどを反映して、明らかに２０１０年代中頃以降、賃金が上昇している様子が見てとれる（図11）。

２０２３年の春闘でも近年にはない賃上げの動きが広がり、引き続き大きな賃金上昇が見込まれる。日本の労働市場を見渡すと、多くの企業は深刻な人手不足に陥り、人手を確保するための処遇改善に取り組まざるをえない状況に追い込まれており、日本の労働市場は変革のときを迎えている。

こうしたなか、人手不足による従業員の処遇改善は当然、企業にとっては負担増となり、企業利益を圧迫する。そうなると、賃金増を実際の人々の生活水準向上につなげていくためには、次の段階として企業の生産性向上が必須となってくる。

労働供給制約が現実となる未来においては、労働者1人あたりの生産性向上をこれまで以上に加速させる必要がある。まずはマクロの数字から人が働くことの状況を考えよう。

図11：賃金と人手不足感

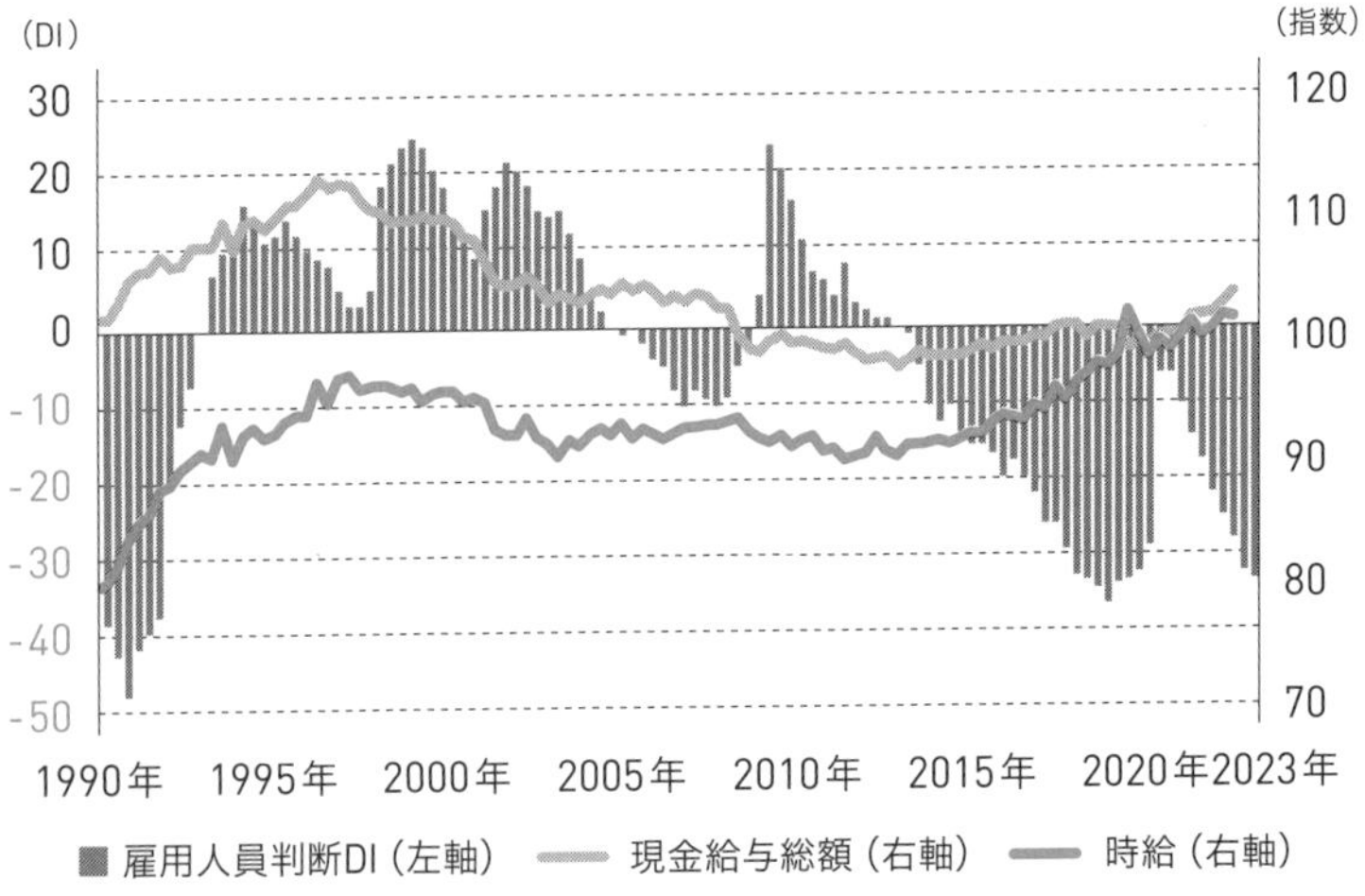

出典：厚生労働省「毎月勤労統計調査」、日本銀行「日銀短観」
※注　現金給与総額は季節調整値。現金給与総額と時給は2020年を100としている

日本の労働生産性向上率は低くない

ここまで日本の労働生産性はどのように推移してきただろうか。次ページの図12は先進5カ国の実質GDPと総労働時間数、労働生産性の成長率を比較したものである。これを見ると、直近の2010年から2021年までの間、日本の労働生産性は年率で+0・9%と、ほかの先進国と比較しても堅調に推移してきたことがわかる。

その一方で、**実質GDP成長率を先進5カ国で比較すると、その数値は最下位となる。**その原因は生産年齢人口が減少していくなかで、総労働時間数も減少しているからである。**この10年間あまりで労働投入量（すべての就業者の労働時間の合計）が減少したのは日本だけであり、その数値はマイナス0・3%となっている。**

将来を展望すると、労働力の減少速度がさらに加速していくのは間違いない。社会全体として若者人口が減少していくなど労働供給制約はますます深刻化する。こうしたなかで、経済的に豊かな暮らしを維持しようと考えるのであれば、より少ない人数で高い付加価値を生み出す経済に転換していかなければならない。

図12：実質GDP、総労働時間数、労働生産性の成長率
（年率換算）

（%）

	実質GDP	労働時間	労働生産性

実質GDP: 日本 0.6 0.6、フランス 1.3 1.1、ドイツ 0.9 1.4、英国 1.4 1.3、米国 1.8 2.3

労働時間: 日本 -0.6 -0.3、フランス 0.3 0.5、ドイツ -0.2 0.5、英国 0.3 0.9、米国 -0.4 1.3

労働生産性: 日本 1.1 0.9、フランス 0.9 0.7、ドイツ 0.9 1.1、英国 1.1 0.4、米国 2.2 1.0

■ 2000-2010年　■ 2010-2021年

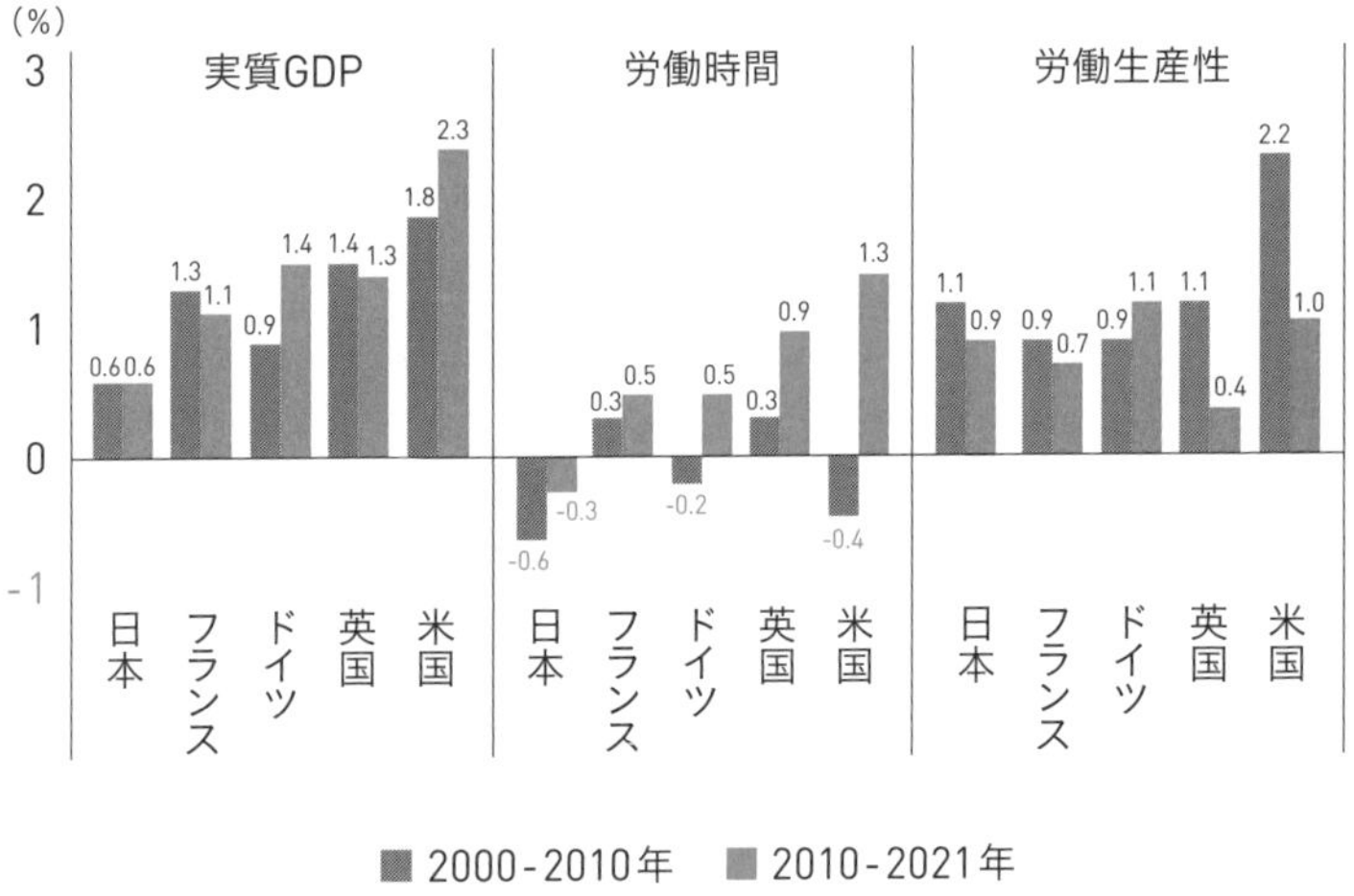

出典：OECD.stat

自動化が進む製造業、卸売・小売業

業界ごとの動向も見ていこう。

生産性向上が現在どのような状況にあるのかは、業界によって異なる。主要業界の近年の労働生産性と労働投入量の増減を次ページの図13のようにプロットしてみると、少子高齢化という社会の大きな環境変化に適応している業界とそうでない業界とが浮かび上がってくる。

今後の労働供給制約社会を展望すれば、多くの業界で労働生産性を向上させると同時に、必要な人員数が縮減していくかたちになっていくと見られる。製造業や建設業、卸売・小売業などは生産性上昇と労働投入量の減少が両立しており、人口減少が続く日本で必要な改革が進んでいる業界だと捉えられる。

製造業は産業ロボットの導入によるFA（ファクトリー・オートメーション）などが進んでいる業界であり、過去から継続的な生産性上昇が実現している。建設業についても、職人の高齢化など深刻な人手不足にあるなかで、少ない人員で高い成果を生み出すような努力がなされているところであり、結果的に高いパフォーマンスを達成している。

また、じつは卸売・小売業も生産性が上昇している業種の一つである。最近は多くの小売店で店員が商品バーコードをスキャンしたあとに顧客が自身で会計を済ませるセミセルフレジが導入されている。こうした取り組みも生産性上昇に大いに貢献する手段である。卸・小売業は

図13：労働生産性上昇率と労働投入量の増減（2007〜2021年の成長率）

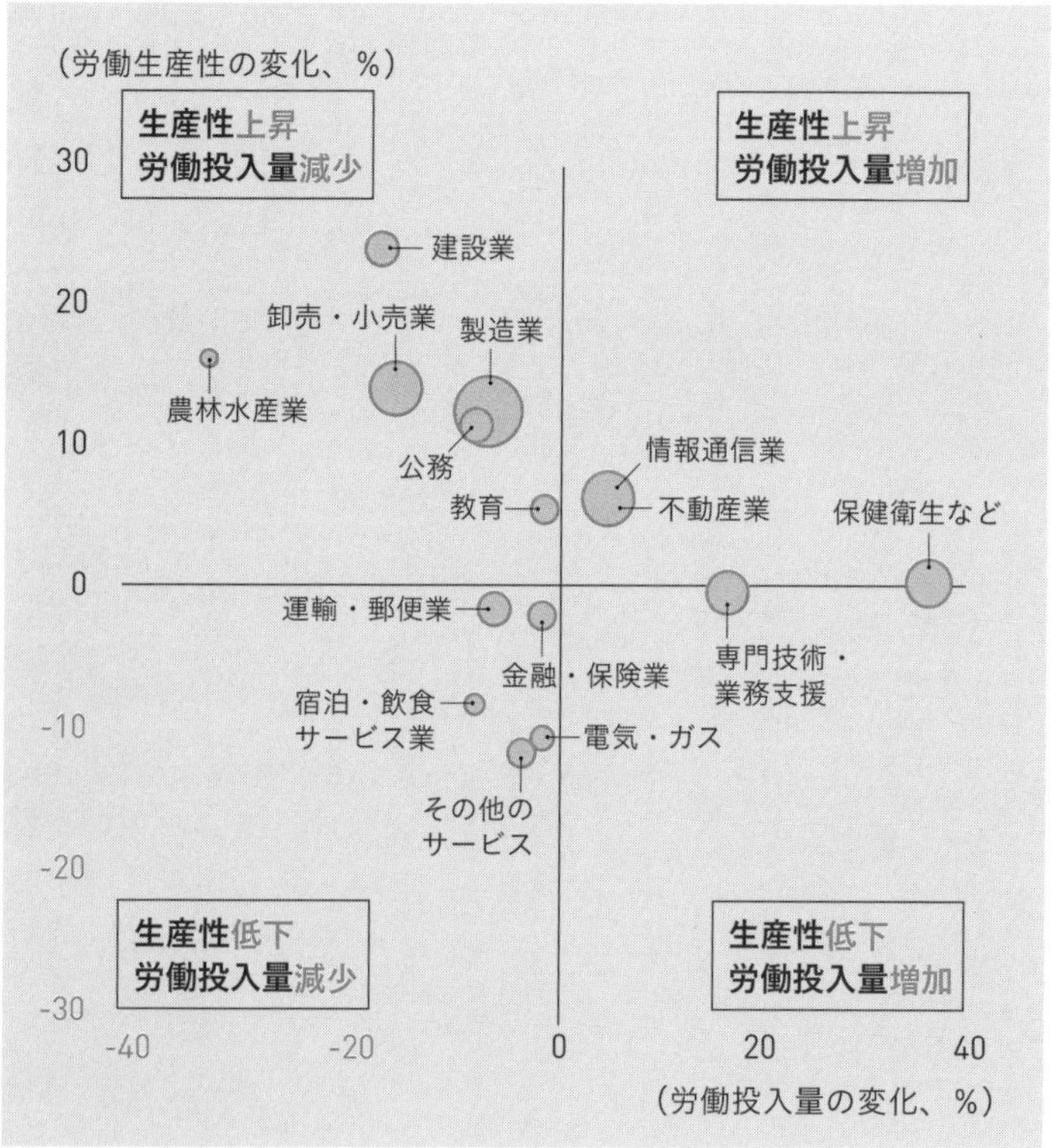

出典：内閣府「国民経済計算」

経済のデジタル化の進展によって店舗の必要性が減じ、生産性上昇の恩恵を得られているのだと考えられる。

医療・介護分野は労働投入量が1.4倍に

一方で、運輸・郵便業や金融・保険業、宿泊・飲食サービス業などは生産性が停滞している。これらのサービスに関する業種は経済に占めるシェアは大きいが、その業務を製造業のように簡単に自動化できないことがうかがえる。

さらに、日本の経済の将来を見据えたとき、深刻な事態に直面すると予想されるのが保健衛生（医療・介護）の領域である。この業種は労働生産性が上昇していないにもかかわらず、なんと労働投入量が12年間で36・0％も増加している。さらに問題なのは、保健衛生などが経済に占めるシェアは大きく、そして今後も高齢化の進展によって急速に労働の消費量が「成長」していく見込みがある産業だということだ。

しかし、医療・介護業界が今後も生産性上昇をともなわずに高齢人口の増加・高齢者の高齢化により膨張してしまう場合に何が起きるか。そうなってしまえば、日本経済はますます減少していく貴重な労働力を医療・介護業界に無尽蔵に使わざるをえない状況になる。

日本の労働者の大多数が人海戦術で高齢者のお世話をする未来は、避けなければならない。しかし、現状の延長線上でいけば、そうした未来は決して絵空事ではない。

人手不足対策の〝三種の神器〟

さて、日本の人手不足の議論において、必ず出てくる3つの解決策がある。それは、シニア、女性、外国人である。これを私は「人手不足対策の三種の神器」と呼んでいる。

1990年代以降、人手不足が議論されると伝統的に論点に挙がるのがこのシニア、女性、外国人であったし、現在でも議論の的《まと》となり続けている。もちろん、まだそれが未解決の問題だからだ。

私たちはシニアについては後述の「小さな活動」を提言する。女性についても、シミュレーションモデルにおいて労働力率を世界の最高水準を超えるような高い水準で想定しており、これはつまり、性別問わず最大限活躍できる環境に日本社会をつくり替えることが解決策実行の大前提ということだ。

シニア、女性の労働参加について、もう少し詳しく考えていこう。

女性の就業率はアメリカよりも高い

日本の女性の就業率は近年、国際的水準に迫っている。**日本の15～64歳の生産年齢人口における女性の就業率は70・6%。これはOECD加盟諸国38カ国中13番目の高さ**である（最も高いのがスイスで75・9%）[26]。

ざっくり言えば、「ドイツやイギリスよりは低いが、アメリカやフランスよりは高い」水準だ。とくに25～44歳では78・6%に達している。日本の男性の15～64歳の就業率が83・9%であるから、日本は国際的に見ても、男女がともに働き手になる社会になりつつある。

ただ、これは単なる「量」の話であり、女性が男性と比べて非正規労働者である比率が格段に高く（2021年で男性は21・8%、女性は53・6%である）、短時間で働く人が多いことを考えれば、今後は「質」面をより重視し、働き手として女性がより活躍できる労働社会にしていかなくてはならない。

つまり、女性については、量の面では国際水準に迫っているうえに、就業率上でも男性と差はなくなってきているが、待遇や労働環境の改善、もしくは量的にガラスの天井（能力や実績があっても、性別などを理由に一定以上の仕事や役職に従事させないこと）を打ち破り、世界最高水準

（26）内閣府「男女共同参画白書　令和4年度版」より。

をさらに超えるような施策が必要な局面にある。もはや単に、「女性に社会参加してもらおう」というお題目を唱えていればいいフェーズではない。

なお、質面での改善も、ことは単純ではない。なぜならば現在、女性の非正規労働者のうち「不本意だが非正規労働者である」割合は7・9％に過ぎないためだ。この不本意な非正規労働者の人数は減少傾向にあり、これはつまり、非正規労働者でありたいと思い、なっている女性が大半になりつつあることを示している。

なぜ非正規労働者でありたいのか、なぜ短時間しか働きたくないのか。そうした選択をする個人を責めることは誰にもできない。その選択が合理的となる労働社会のルール（いわゆる〝130万円の壁〟など）や企業の職場環境自体（正規労働者が男性しかいない職場など）が、論点となる。

日本のシニア就業率は世界で断トツ

シニアもすでに世界最高水準の就業率となっている。

60～64歳で男女合計71・5％、65～69歳では男女合計50・3％となっている。(27) 60代前半の就業率は現役世代並みであり、「シニア」と呼ぶのも憚《はばか》られる気もする（就業率的には64歳以下ははっきりと現役世代だ）。

国際比較をすれば、65歳以上の就業率では25・1％[28]であり、主要国中で断トツに高い。次いでアメリカが18・0％、カナダが12・9％、イギリスが10・3％、ドイツが7・4％、イタリアが5・1％、フランスが3・4％である。[29]日本が主要国のなかでどれだけシニア就労のトップランナーであるか、この値からもわかるだろう。

日本が労働供給制約に対応するためには、この水準をさらに超えて、そして最も増加する85歳以上の人がどう働くのかといった途方もない問題に正面から向き合い、**世界最先端のシニア就労の最前線を切り開き、担い手になることができる人、なりたいと思う人をどう増やすかを考えなくてはならない**のだ。

ちなみに、ここ10年で労働投入量が減少しているのは、主要国で日本だけだと触れた（2010〜2021年でマイナス0・3％）。その理由は、担い手が増えていないこともあるが、大きいのは就業者に高齢者が増え、長い時間働けない人の割合が増えているからだ。

(27) 総務省統計局・統計トピックスNo．132『統計からみた我が国の高齢者―「敬老の日」にちなんで―』より。
(28) 総務省・労働力調査・2021年結果より。
(29) 総務省統計局・統計トピックスNo．132『統計からみた我が国の高齢者―「敬老の日」にちなんで―』より。

ただ、高齢者に何歳になってもずっとフルタイムで働け、というのは無理がある。必要な発想は、「より多くの人に、小さな仕事を担ってもらうこと」だ。具体的な話は第8章で詳述する。

「外国人労働者」獲得競争に日本は勝てるのか

そのうえで、外国人労働者や移民の議論もある。確かに国内で担い手をまかなえないとなれば、外国人労働者に救いを求めるのは自然な発想だ。もちろん、今後の日本は多様な人々が活躍する社会になっていくことが望ましく、その社会像に向けて国際労働移動や外国人労働者の受け入れの議論は正面からおこなわれるべきである。

しかし、現下の経済・社会情勢のなか、単純な外国人受け入れが決定的な対応策になりうるだろうか。

世界全体の高齢化率の上昇、また日本の経済的地位の相対的低下を考えれば、廉価な労働力としての外国人受け入れを中長期的に有効な施策として軽々に組み入れることは難しい。まず私たちが豊かに暮らせる持続可能な社会をつくる努力なしに、外国人受け入れが解決策になることはない。廉価な労働力として外国人を受け入れるという発想で思考を止めてしまっては、本来の課題解決からは遠ざかってしまう。

10年前の日本は今の日本とは違うし、今の日本は10年後の日本とも違うのだ。廉価な労働力を今後も簡単に外国から調達できるのか。**5年後、10年後の東アジアで起こる中国や韓国、オーストラリア、シンガポールなどとの外国人の若者（主としてインドネシアの人になるだろう）獲得競争に日本が容易に勝てると思っているのであれば、それは10年、20年前の成功体験を引きずっている。**

その獲得競争に勝てるとすれば、外国人の若者が働きたいと思う国にならなくてはならない。結局そのためには、賃上げを含む待遇改善が必須となるし、これから述べる本書の4つの打ち手は議論のスタートラインとなるのだ。

「三種の神器」の重要性はみんなわかっているのだ。そのうえで、現実的な対応策の議論を加えたい。それが、私たちが提案する今打てる4つの手だ。

今、着手できる4つの解決策

労働需要を調整したうえで、どう担い手をつくるか――。

労働供給制約という大きく途方もない課題ではあるが、解決へ向けたアプローチは「需要を減らす」か「供給を増やすか」のどちらかだ。

本書では労働供給制約社会に向けた打開策として、4つの打ち手を示す。「機械化・自動化」「ワーキッシュアクト」「シニアの小さな活動」「仕事におけるムダ改革」である。

4つの解決策を提案した理由は、労働の需要をいかに減らすかという論点と、供給をいかに増やすかという論点を一体で語ることなしに解決不可能な水準の労働供給制約が、十数年後に迫っているからだ。

労働供給量を増やすというのは、つまり担い手をいかに増やすのかという問題だ。私たちはこの担い手には、人間だけでなく「機械」が入ってくると考える。機械と人間が有機的に連携して、新しい働き方をつくり出す必要がある。

解決策のなかでも、とくに機械化・自動化は人の「仕事」「労働」の可能性を転換する可能性を秘めている。そのポイントは以下の3点だ。

❶長時間労働から人を解放することにつながる

❷仕事・労働の身体的な負荷が下がる

❸タスクが機械へシフトしていくことで、人はその仕事が本来必要とする業務に集中することができる

労働供給の担い手を考える際には、「どの人がやるのか」だけでなく「機械ができないか」、はたまた「機械の支援を受けた人ができないか」といった選択肢を持つことができる。**必要な発想は、「人間がいないから機械に」とか「機械か社員か」という二者択一というより、「人が機械の力でもっと活躍できないか」という〝拡張性〟の思考**なのだ。

また、ワーキッシュアクトという概念を提案する。

ワーキッシュアクトというのは、娯楽や趣味・コミュニティ参加のような本業の労働・仕事以外で、「誰かの困りごとや助けてほしいという需要に応えている」活動を指す。私たちは調査、研究を進めるなかで、本業以外で普段しているさまざまな活動が、楽しく豊かに持続的に提供されているケースが存在することを発見した。こうした活動が、じつは労働供給をしているという事実に注目したワーキッシュアクトの重要性を第7章で示す。

このようなワーキッシュアクトが「結果として誰かの労働需要を満たしている」性質があることは、自分のために楽しみながらでも担い手になれる潜在性を示唆し、未来の社会が豊かで持続的な社会となるための重要なパーツとなるだろう。

シニアも担い手としての役割を期待されるが、それは100歳まで現役のようにフルタイムで働くべしといった精神論的なものではなく、小さな活動で無理なく提供されていくことが期待される。さらには、労働需要を削減するという観点で業務のムダ縮減の根本的な議論も必要になる。

当然、提案する4つの解決策に限らない発想も存在するだろう。そのなかで4つの打ち手を提示したのは、これらの打ち手がすでに芽が出ているものだからだ。実践している企業、個人、地域がすでにある。課題の所在と打ち手が明確になっている。今、打てる手として、労働供給制約への解決策はこの4つの打ち手からはじめていこうという提案なのだ。

こうした活動が広がったあとに起こるのは、「労働」や「仕事」が今のイメージから大きく変容することだ。楽しく担い手になれ、社会の役に立てるのであれば、現在必ずしも楽しく満足がいくものとは言えないかもしれない「働くこと」も、また豊かな意味を持つことができる可能性は十分にある。

第6章

解決策❶

徹底的な機械化・自動化

〝人にしかできない仕事〟に人の力を活かす

労働供給制約のもと、いかに持続可能な社会をつくるか。試行錯誤が必要ななか、私たちがとくに注目する解決策を提案する。まずは「徹底的な機械化・自動化」だ。

なぜ機械化・自動化が必要なのか。

少子高齢化による労働供給制約は今後ますます深刻化していく。近年、女性や高齢者の労働参加が進んでおり、限りある労働力を有効に活用する取り組みは徐々に進んできているものの、それと並行して今後は、〝人でなければできない仕事〟にこそ人の力を活かさなくてはならない。

そこで機械化・自動化技術の導入によって人手不足を補えないか、という議論が盛んになっている。もちろん、AI（人工知能）やロボットによって仕事が代替されることに関して、雇用が奪われるというネガティブなイメージを抱く人も少なくはない。

しかし、労働供給制約社会を迎える日本においては、むしろ仕事の自動化を急速に徹底していかなければ、生活に必要なサービスが提供されなくなる事態に陥ってしまう。どんどん生成AIやロボットに人間の仕事を奪ってもらわないと、日本は生活維持サービスが保てないのだ。将来的には、AIやロボットによる労働力を活用し、これまでの「労働力」という概念を拡張していくように、考えを変えていく必要がある。

〝人間が働く場にAIやロボットを導入する〟のではなく、そもそも〝AIやロボットが働きやすい（機能しやすい）仕組みをつくる〞、そのうえで人間が人間にしかできない仕事をする発想が重要になる。

ＡＩやロボットを用いて、これまで人が担っていた仕事を機械の力を借りていかに効率化するか。それは生産性向上といったビジネス面だけでなく、私たちの生活にとって解決しなければならない課題である。

省人化は賃金上昇につながる

自動化の進捗の程度によって、未来の日本の姿はガラッと変わるだろう。何より期待されるのは省人化だ。省人化＝「労働に対する需要が減少する」という捉え方があるが、これはその時々の経済環境によって変わってくる。

つまり、需要に比して労働力が豊富にあり、失業率が高止まりしている状況下であれば、自動化の進展がさらなる失業を生んでしまう。一方で、**失業率が低く安定しており、恒常的に人手不足の状況にある経済構造下であれば**（まさに今、これからの日本社会だ）、**失業の発生という副作用なしの省人化による生産性向上は、経済全体の効率を大きく高める**ことになる。

日本経済が後者の状況にあることは明確だ。高齢化と生産年齢人口の減少が世界に先駆けて進む日本は、省人化のメリットをフルに活用できる状況になっている。徹底的な機械化・自動化は、労働供給制約を迎える日本社会にとっての福音なのだ。

省人化が進めば、労働者を取り巻く労働条件は改善するだろう。まず、現代人を苦しめている長時間労働から人を解放することにつながる。

自動化により人が担うタスクが減少していくことで、同じ生産量の仕事について、たとえば従来10時間かかっていた仕事を6時間で済ませられるようになる。すると、これまで長時間の仕事を強いられていた人も就業時間内に仕事を切り上げられるようになり、労働収入を損なわずに短時間労働への移行を望む人はその願いが叶えられる環境が実現する。

省人化は賃金にも影響を与える。これまで10人で行っていた仕事が8人でできるようになれば、従業員に支払う賃金を従来の水準の1・25倍に増やすことは理論的に可能だ。

もちろん、ロボットなど資本を導入する場合には資本コストが発生するし、生産性上昇の一部は企業や経営者の利益として計上されることになるだろうが、一定の割合が雇用者報酬として分配され、労働者の賃金上昇へつながることが期待できる。

省人化が進めば労働参加が拡大する

機械化・自動化による効果は省人化にとどまらない。これまで労働者が担っていた業務をロボットやシステムなどに任せることによって、労働者の心身の負荷軽減にもつながる。

ＩｏＴ（Internet of Things＝モノのインターネット）の普及などから、現場に入らずに遠隔での業務管理も広がっていくとみられる。労働者の負荷が軽減していけば、これまで労働に参加できなかったような人たちが労働市場に戻ってくる動きも出てくるだろう。

たとえば、運輸の現場でドライバーが担っている荷役の業務について、自動フォークリフトや自動搬送機が普及すれば、ドライバーは重い荷物の積み下ろし作業から解放される。住宅建設の現場では資材の運搬や建具の取り付けなどを機械化し、さまざまなタスクを無理のない仕事にしていくことができれば、高齢化が進む建設作業員の人手不足の緩和にもつながる。これまで人が担っていたきつい仕事をロボットに任せられれば、労働者の身体的な負荷は大きく下がるはずだ。

機械化による精神的な負荷軽減も期待される。働き方改革の進展による労働時間の縮減によって、多くの現場で業務時間内にこなさなければならない業務の密度は増している。同じ業務時間であっても時間内にこなさなければならない業務が増えれば、おのずと労働者の精神的なストレスは高まる。

たとえば、小売のレジ業務では、これまでは従業員の業務の遅れによって客からのクレームが発生することに悩まされていたというが、無人レジの導入によって手の空いた従業員が客が困ったときのアドバイザーになることで、そういった悩みが解消されたという。

こうした取り組みが普及すれば、心身ともに負荷の高い仕事が可能な人でなくても、社会の多様な人々が、それぞれ働きたいときに無理なく働けるようになるかもしれない。その結果、これまで働けなかった人の労働参加が拡大すれば、労働供給制約をゆるめることができるのだ。

AIやロボットに代替不可能な業務とは

仕事が機械化・自動化することによって、これまで人が担っていたタスクがロボットなどにシフトしていくだろう。ただし、AIやロボットによる代替が不可能な業務も数多く残り、そうした業務に人は集中することになる。機械化・自動化が進んだあとに人間がすべき仕事はなんなのか、この点に注目する必要がある。

まず、人と直接触れ合う対人業務は、相対的に必要なタスクとして残りやすい業務となる。医療や介護の分野では、これまで多くの時間を割《さ》いていた日々の記録業務や周辺的な事務仕事から解放され、利用者や患者との1対1の会話に多くの時間を割くことができるようになる。結果的に医療・介護の質の向上につながっていくだろう。

接客・販売業務も同様に、対物業務が減少することで本来の業務である顧客とのコミュニケーションの時間が増える。こうした接客の領域の仕事に就いている人はもともと利用者との触れ合いのなかにやりがいを見出している人も多く、事務仕事から解放されることでモチベーションを高める要因にもなる。

また、ロボットやシステムを管理する業務も増えていくと思われる。物流倉庫では現場で作業をする人員の一部が、管制室などから遠隔でモニタリングする業務に需要がシフトしていくだろう。

建設現場ではアナログで図面などの書類を見ながらおこなっていた作業が、タブレット端末などを利用してＢＩＭ（Building Information Modeling：３次元の建物のデジタルモデルに、施工に必要なさまざまな情報を集積したデータベース）上で操作しながら資材などを管理するかたちに変わっていく。

医療・介護現場でも、紙に記載していた記録業務を、音声入力技術の進歩などによってデジタルに管理することができるようになる。こうしたシステムを構築し、管理・運用する業務は増えていくだろう。

ブラック企業は労働供給制約時代に生き残れない

各業界がデジタル技術を活用し、労働生産性を向上させていくためには、どのような取り組みが必要だろうか。「自動化の世紀」を迎えようとしている日本経済において、これからどのように進んでいくか、また進んでいくべきかを考えてみよう。

人が決定的に足りなくなる将来において、企業は労働市場からの強いプレッシャーを受けるかたちで、生産性を上げるための熾烈《しれつ》な競争に自然に巻き込まれるようになる。それと同時に、企業が変わらなければならないという市場からの要請を、適切に発露させる環境も大切になるだろう。〝人を活かす経営〟が設備投資を促すのだ。

サービスに関する業務が機械化・自動化されるようになれば、ビジネスの現場は大きく変わる。逆に言えば、少数の労働者が高いパフォーマンスを生み出す経済に変わるためには、ビジネスの現場が変わらなければならない。

それは同時に、これまでと同じ仕事のやり方にとどまるような企業には、市場からの退出圧力が高まっていくことも意味する。労働者の心身に負荷の大きい働き方や業務を放置したり、生産性を高めて賃金水準を上げる努力に二の足を踏む企業は、労働供給制約を迎える将来の日本の労働市場において、自社に必要な人材を集めることが難しくなる。

必要な変革をおこなわずに労働者に長時間労働を強いる企業、労働者を安い賃金で働かせようとする企業、過度に負荷が高い仕事を労働者に押し付ける企業、こうした企業は労働供給制約を迎える将来の日本の労働市場において生き残ることができない。逆に、業務プロセスを大きく見直すことで、生産性高く仕事ができる環境を生み出し、それを従業員の報酬として還元しようとする企業は、業界におけるシェアを拡大していくことになる。

その結果として、熾烈な企業間競争のもとで従業員によりよい労働環境を提供し、消費者によりよいサービスを提供することができる企業に事業は集約化していくだろう。

実際に、多くの産業の動きを見ていると、デジタル化の進展とともに、各産業で中核的な役割を担うサービスを提供するプラットフォーマーが生まれつつある。こうした企業が提供する効率的なサービスを社会全体として享受するとともに、プラットフォーマーに対する向き合い方を考えることは、今後避けてはとおれない課題となっていく。

自動化推進に欠かせない行政・業界団体の支援

労働者の業務を自動化するためには、行政や業界団体の関与は欠かせない。

運輸業界においては、ドライバーの深刻な人手不足解消のために、近い将来に高速道路での幹線輸送の自動化までこぎつけておく必要がある。そのためには、高速道路における自動運転車の専用レーンの設置やセンサーカメラの配備、高速通信規格のネットワーク拡充が欠かせない。

国土交通省や経済産業省は近々、センサーの設置法や走行ルールを固める方針だという。公共性の高いインフラを整備していくにあたっては、これからも行政がイニシアティブをとって推進していくことが肝要だ。

行政に加えて、業界団体が主体となる取り組みも進める必要がある。小売業界では、レジの無人化のために、従来のバーコード方式から電子タグ方式や画像認識方式へ移行するだろう。

こうしたなか、コンビニ5社と経済産業省は2025年までにすべての取り扱い商品にRFID（Radio Frequency Identification）タグを貼り付けて商品の個別管理を目指す「コンビニ電子タグ1000億枚宣言」を策定。日本チェーンドラッグストア協会も同省と「ドラッグストアスマート化宣言」を掲げている。

建設業界では、後述する建設RXコンソーシアムが業界横断で自動化施工の実現に向けて、ロボットやIoTアプリなどに関する研究開発を共同で進めている。機械化・自動化を進展させるにあたっては、業界各社がやみくもに競争するのではなく、協調領域と競争領域とを区別したうえで、協働しながら規格の標準化を進めていくことが必要不可欠である。

さまざまな現場で話を聞いていると、デジタルを使った革新的なサービスが存在しているにもかかわらず、それがなかなか広がっていかない光景を目にすることも多い。

とくに地方の小さな企業で自動化技術を広めていくためには、その地域における身近な企業が新しいサービスを実際に活用し、経営を変革している現場を目の当たりにすることがきっかけになるケースが多々ある。各業界において、初期段階の先行事例をつくるために、行政や経済団体が果たすべき役割は大きい。

デジタルに寛容なロボット・フレンドリーな社会へ

日本は産業機械などの技術領域にもともと強く、ロボットに関する大衆コンテンツが幅広く普及していることなどを見ると、文化的な観点でいっても諸外国と比べればロボット・フレンドリーな社会風土が備わっていると言える。AIやロボットが活用される時代においても、多くの領域で対人業務は残っていくだろう。しかし、そうしたなかでも現在、消費者と直接かかわるタスクにも機械化・自動化が可能な領域は多く存在している。

働き手が無理なく働ける環境をつくるためにも、また1人ひとりが豊かな消費生活を送るためにも、ロボットに寛容な社会を形成していくことは重要な課題になる。

飲食業界においては昨今、配膳ロボットの導入が進みはじめているが、ロボットがうまく機能するためには、その動線において消費者側がロボットの走行を優先する配慮が求められる。また、配膳や下《さ》げ膳にあたっても食器などのピッキングはロボットによる対応が難しいことから、人による協力が必要になるだろう。消費者側がロボットやデジタル技術に対する寛容度を高めることは、デジタル技術を生活の豊かさにつなげていくために重要だ。

社内の自動化のカギを握る人材の共通点

当然ながら、デジタル技術の活用を担う人材の育成というテーマも避けては通れない。まず、エンジニアやデータサイエンティストなどデジタルに関する知識を備えた人材を育成する必要がある。この点に関して、教育の果たす役割が大きいことは言うまでもないだろう。ただし、さまざまな企業の実例を見ていてわかるのは、デジタル技術を活用して業務の自動化を図るためのキーパーソンになるのは、必ずしもわかりやすい意味での高度デジタル人材とは限らないということだ。むしろ、タスクの自動化を図るにあたって、自社のさまざまな業務プロセスに精通した中堅社員がキーパーソンになっているケースは少なくない。

実際には、外部のベンダーの力やデジタルスキルを有した中途入社者の知見を活かしながらも、最終的には自社のことをよく知っている従業員が業務プロセス改革の中心的な存在になりうる。多くの企業の話を聞いていると、そうした人材に共通する要件としては、変化に前向きであることや、新しいことに積極的に取り組もうという意欲があるという従業員のマインドに関する指摘が多く見受けられた。

さらにビジネスの現場に即して考えてみれば、新しい業務プロセスを現場に落とし込む際に、労働者のリテラシーを高めていく必要もある。多くの既存のサービスはアプリなどで広く使えるようなかたちになっていることが多く、決して特別なスキルが必要なわけではない。

むしろ企業の現場では、実地での研修や動画による使い方の指導など実直なトレーニングを根気強く繰り返しながら身につけてもらう、といったケースが多く見受けられる。こうしたことに従業員が前向きに取り組めるような仕掛けづくりも必要になる。

自動化が進みやすい職種、進みにくい職種

最後に、業務の自動化が進みやすい職種とそうでない職種を考えてみたい。

本研究プロジェクトにおいて、私たちは生活維持サービスの各分野で先端的な取り組みを進めている主要企業50社以上にヒアリングをおこない、デジタル技術やＡＩ、ロボットの活用によって各職種の業務構造が将来にわたってどのように変わっていくかを聴取した。

現場の最前線で働いているビジネスパーソンたちから、現実問題としてどのような業務を将来的にAIやロボットが担うようになるのか、また将来にわたって人手に頼らざるをえない業務はどういった領域なのかを聞いている。

各業界で機械化・自動化に取り組んでいる企業にヒアリングをおこなった結果、自動化が進みやすい職種と進みにくい職種をまとめたものが図14である。

将来にわたって、人が担うタスクがどの程度自動化されるかの正確な予想は難しいが、関係者の話をヒアリングしていくと、現状の延長線上で自動化が難しい職種は、医療、介護、建設などである。一方で、生産工程、運輸、事務・営業などは自動化の期待が相対的に高かった。

自動化の進捗が期待される生活維持サービスの職種としてまず挙げられるのは、生産工程である。製造業については、産業機械の高度化などから、これまでも断続的な生産性向上が進められている。こうした動きは今後も堅調に進んでいくものとみられる。

さらに、自動化の期待が高かった職種としては、運輸関連が挙げられる。同業界では、2024年問題をはじめとする深刻な人手不足に直面するなか、自動運転技術や高速通信技術の進歩によって、幹線輸送が自動化されることへの高い期待が見受けられた。

倉庫作業員の賃金水準も上昇するなか、物流倉庫の高度化も今後急速に進んでいくだろう。ただ、市街地における自動運転や顧客への受け渡しの完全無人化は難しく、ラストワンマイル

図14：自動化が進みやすい職種と進みにくい職種

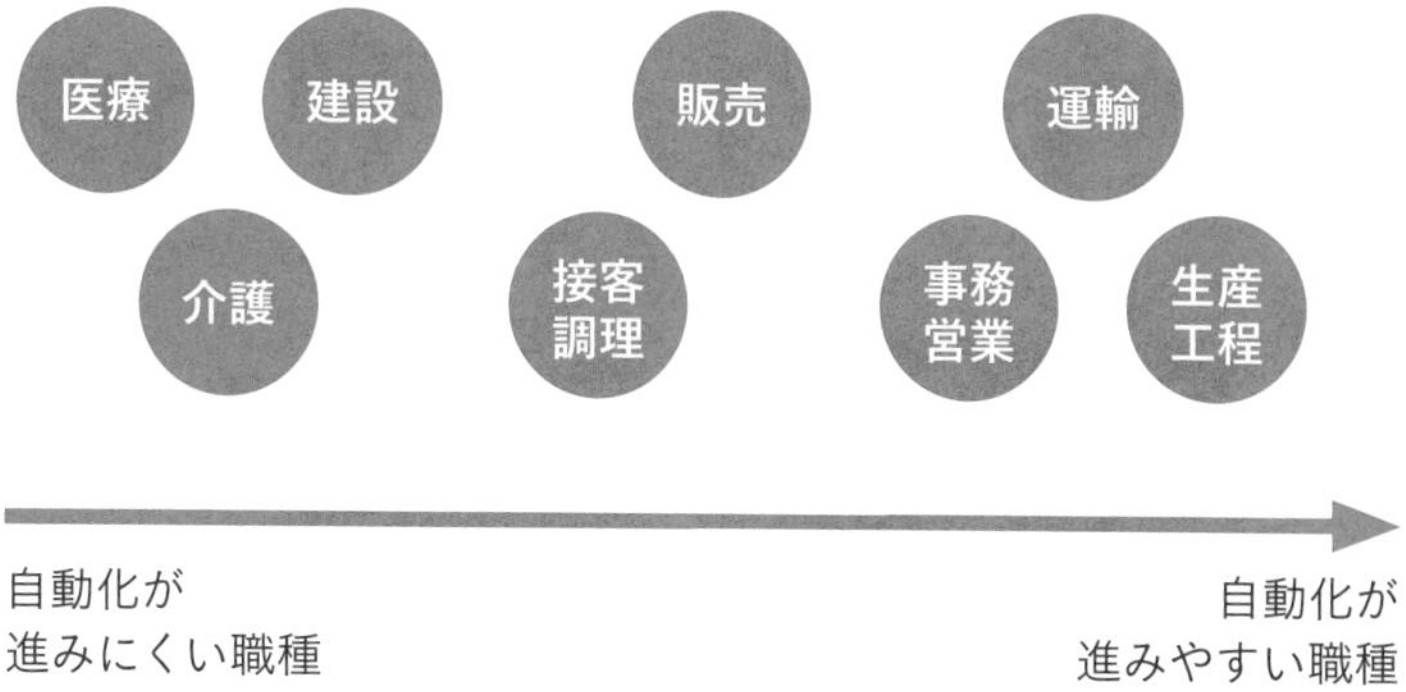

出典：リクルートワークス研究所、2023、「進む機械化・自動化 変わる働き方」より作成

に関しては今後、人手が集中するだろう。

自動化が難しい職種として挙げられるのは医療、介護、建設などである。医療に関して、記録業務や入院患者への説明業務、薬剤や医療材料の運搬作業など雑多な業務の自動化は局所的に進んでいくだろう。また、脈拍や呼吸、血圧などのバイタルチェックや病床の管理業務なども省人化が進みやすい。

しかし、医療の本来業務である患者の容態の確認や日々のコミュニケーション、医療従事者による手技《しゅぎ》の部分は、生成ＡＩロボットなどによる代替は難しいという見解がほとんどであった。

介護に関しても同様に、間接業務の自動化から進んでいく。ただし、三大介助業務と言われる食事介助、排泄介助、入浴介助などの介護従事者の本来業務は、ゆるやかな省人化が進みつつも、根本的に無人化されることは将来においてもありえないだろう。

建設関連職種についても同様に、管理業務や建機の自動化は進むが、建設作業員が担っているさまざまな作業を構成する細かなタスクの多くで、自動化は今後十数年では極めて難しいというのがおおむね一致した見解であった。

やはり今後、高齢人口のさらなる増加にともなって最も労働力が必要となる医療や介護の職種が、最も自動化が進みにくいという結果である。生活する私たち、とくに高齢者の暮らしの豊かさに直結する医療や介護において必須の人材を輩出し続けるためにも、社会全体で逼迫する人手不足に対して機械化・自動化を進めることは、日本が持続可能な社会をつくるための大前提なのだ。

では、生活維持サービス分野における事例を見ていこう。(30)

【事例❶ 建設業】

ゼネコン大手が建設業界の課題解決のために連携

(建設RXコンソーシアム)

建設業界では深刻化する人手不足の解消や労働生産性の向上を期し、国を挙げて自動化・機械化に取り組んでいる。建築工事でもビルやマンションなど建造物のほぼすべてが一品生産であることから、開発面では技術革新はもとより、成果の共有や規格の統一といった業界全体にシナジー効果をもたらす仕組みの構築が重要なカギの一つである。「建設RXコンソーシアム」の会長（肩書きはすべて取材時のもの）を務める鹿島建設の伊藤仁・専務執行役員に、コンソーシアムの活動状況や展望を聞いた。

(30) 以降の事例における肩書き、所属は取材時点のもの。内容はリクルートワークス研究所、2023、「進む機械化・自動化 変わる働き方」報告書に基づいている。

作業員の負荷を軽減するロボットを共同開発

建設RXコンソーシアムは、建設施工に活用するロボットおよびIoTアプリなどの共同開発・技術連携を目的として、2021年に発足した共同事業体である。どのゼネコンの建設現場でも作業員や施工管理者が共通しておこなう作業のうち、機械化が可能な部分をロボットやアプリに代替させることにより、就業者の負担を軽減するとともに開発・製造コストを抑えるのが狙いだ。

RXとはロボティクス・トランスフォーメーション（Robotics Transformation）のことで、ロボットによる作業プロセスの変革を意味する。ゼネコン大手の鹿島建設と竹中工務店、清水建設が幹事会社となり、ゼネコンで構成する正会員28社、ITベンダーや専門工事業者などの協力会員180社が参集する（2023年5月時点）。現在はテーマごとに11の分科会を設置して共同研究開発を進めている。

このうち重量物の運搬や清掃、高所作業といったいわゆる「3K（きつい・汚い・危険）」の解消を目指す複数の分科会では、資材を自動運搬する水平搬送ロボット、作業所廃棄物のAIによる分別処理、タワークレーン遠隔操作システムの機能向上などを研究。工事の進行に必要な線や寸法を書き出す「墨出し」の自動化がテーマの分科会では、先行研究をもとにすでに精度の高い自走式墨出しロボットを開発している。

「研究開発は作業負荷を減らすのに有効で、かつ開発がそれほど難しくないものを優先的に進めています。これはコンソーシアムの使命のうち、働きやすさという点で建設業の魅力向上に資する部分です」と伊藤氏は説明する。

分科会のメンバーは相互に共同研究開発契約を結び、開発したロボットやアプリを会員価格で利用できる。開発費を負担した企業については、利用料を低く抑えることで公平性を担保している。

会員の提案により新たに立ち上げた分科会もある。市販ツール活用分科会がそれで、ドローンやパワーアシストスーツといった市販製品の情報を共有・検討し、建設現場のニーズに沿った改良を開発メーカーに促す目的で結成された。最も欲しい機能を開発するメーカーをプレゼンで選び、成果物はコンソーシアムで共同購入することにより大量注文にともなうコスト抑制も可能になった。

「市販品の活用は当初想定外でしたが、これも共同事業体ならではのメリットです」（伊藤氏）

コンソーシアムの使命は、大きく建設業の魅力向上と労働生産性の向上である。

「現在は技術開発を通した魅力向上のフェーズにあり、就業者の労働時間を減らし、収入を上げるための取り組みにはまだ至っていません。次のフェーズに入ったときに、さらなるロボット化・自動化が進んでいくと見ています」（伊藤氏）

技術開発は業界全体で取り組むべき協調領域

生産性向上のヒントになるのが、鹿島建設が進める「鹿島スマート生産ビジョン」である。「作業の半分はロボットと」「管理の半分は遠隔で」「すべてのプロセスをデジタルに」の3つをコアコンセプトに掲げて省力化を進めている。

このうち遠隔管理はITの活用によりほぼ達成されているが、建設業は無人でのロボット操作が難しい現場も多いことから、「完全自動化はまだ先のこととして、当面は作業の5割を目標にロボットを実装していきます」と伊藤氏は言う。

全プロセスのデジタル化については、独自仕様のBIM（Building Information Modeling）をモデル現場に導入している。

BIMは建造物の3Dモデルをコンピュータ上に再現するとともに、部材や性能情報などの属性データを付加した建築プロセスのデータベースだが、同社はここに工程とコストを加えた5Dモデル「BIMLOGI®」を開発。建物を構成する部材一つひとつに個別IDと二次元コードを振り、図面を承認した日時や、工場で生産や検査をした日時などを読み込ませることにより、効率的な搬入を可能にした。

現場では作業状況がリアルタイムで確認できるので、工程管理も容易になる。設計図もBIMで作成すれば、すべての生産・施工プロセスが一気通貫でデジタルにつながる。

「システムはほぼ完成していますが、データ形式の統一や積算の制度化などの課題があり、この部分を鹿島、竹中、清水による『BIMコンソーシアム』で検討するとともに、建設RXコンソーシアムの『生産BIM分科会』では会員が共有できる仕組みを議論しています。これが実現すれば革新的な省力化が期待できます」（伊藤氏）

伊藤氏によると、こうした技術開発・普及は建設業全体で取り組むべき協調領域。そこに貢献したうえで競争領域として、ゼネコン各社が品質向上とコストメリットの実現をそれぞれ高度に追求することが重要としている。

鹿島建設では現在、建設作業員の業務管理の効率化とキャリアアップ・評価システムの整備に注力している。

「技術革新と生産性向上により当社の現場が群を抜いて働きやすいとなれば、その取り組みがまた波及し、人が集まりやすい業界になる好循環が生まれます。その日に向け、建設RXコンソーシアムと鹿島単体の両輪で取り組んでいきます」（伊藤氏）

建設現場を革新するための要素技術は揃ってきている。こうした技術を組み合わせて、現場の働き手を助ける仕組みをつくるための試行錯誤がはじまっている。

【事例❷小売業】

発注から返品まで自動化を推進するスーパー（カスミ）

小売業のうち生活必需品を販売するスーパーマーケットは業績堅調な一方、労働集約型の産業構造により慢性的な人手不足に悩まされている業界である。競争力向上や人手不足解消のために機械化、自動化による生産性の向上が迫られるなか、関東で約200店舗を展開しているカスミでは、レジの無人化や作業のロボット化といったDX（デジタル・トランスフォーメーション）を推進している。代表取締役社長の山本慎一郎氏に同社の取り組みを聞いた。

セルフレジの導入で人員を3分の1に削減

カスミは、首都圏のスーパー3社が参画するユナイテッド・スーパーマーケット・ホールディングス（USMH）の事業会社であり、USMHが推進するデジタルを基盤とした構造改革に取り組んでいる。そのなかで現在カスミのほぼ全店に導入されているのが、スマートフォン決済「スキャン&ゴー　イグニカ（Scan & Go Ignica）」だ。

これは来店客がスマートフォンにインストールしたアプリを自ら操作し、商品のスキャンから決済までをおこなう完全セルフサービスのシステムである。レジに並ぶ必要がないうえ、買い物中に使った金額が把握でき、購入履歴やお得情報も届く。システムの導入により顧客にとっては付加価値が高まり、従業員にとってはレジ業務の負担がなくなった。

カスミにはスキャン&ゴーとセルフレジだけを置く新ブランド店舗もあり、そこにはチェッカーやキャッシャーと呼ばれる従来のレジ担当は存在しない。

セルフレジは6台が基本で、管理する従業員が1人付く。「顧客がセルフレジで精算処理に費やす時間は、経験則でいうとチェッカーやキャッシャーの2倍ほどかかるので、3分の1ほどは必要な人手を削減できたことになります」と山本氏は語る。

レジ業務のストレスがなくなりモチベーション向上

スーパーでレジを担当する従業員の割合は、おおむね全体の2~3割。有人レジはピークタイムに合わせたレーン数を設置するため、時間帯によっては稼働のないレーンもあるが、ピーク時に備えてつねにある程度の人員を割かなければならない。また、レジは基本的に専従で、他部門のように発注や品出しといった複数の作業ができないのも非効率だった。

「レジが専従業務だったのは現金を扱うセンシティブな仕事だからです。さらに商品の捌《さば》き方一つにも理不尽なクレームをつけられるなど、最近ではいわゆる〝カスハラ〟も増え、『レジは心身をすり減らす仕事』とよく言われました」（山本氏）

スキャン＆ゴーとセルフレジの普及によって、従業員が商品スキャンと決済から解放されただけでなく、業務内容もセルフレジでのトラブル対応や、スキャン＆ゴーの決済端末を使う顧客への案内などに変わった。

「従来業務によるストレスがなくなり、また顧客に感謝される機会が増えたことで従業員のモチベーションも上がりました。今後は、ハンディキャップのある方も含めたお客様の支援や相談にのる『アテンダント業務』へと、さらに働き方は変化していくと思います」と期待する。

店舗全体では、集約化したほうが効率的な作業については、店内作業から店外作業への転換を進めてきた。たとえば調理作業では、精肉のパック詰めから総菜の事前調理まで自社工場などでおこなう。現在はＵＳＭＨの事業会社３社で共同運営するプロセスセンターも準備中である。

また品出し作業では、物流業者が通路ごとに配荷する通路別納品を導入し、作業効率を向上させた。「これにより接客や商品配列といった店舗業務に従業員が専念できるようになりました。技術を活用してムダを極力省くという点については、私たちは業界の中でも先進的に取り組んできたと自負しています」（山本氏）。

新業態の店舗で自律型協働ロボットを導入

山本氏は、「今後の当社における自動化の課題はロジスティクスです」と言う。

「品切れ対応などの発注の自動化はすでに導入していますが、単に売れる商品を補充するだけでなく、トラックの積載率を検討したり、入荷計画を先々まで提示したりできなければ、荷物の少ない車が走る、日持ちする商品が毎日入る、フードロスが発生するなどのムダはなくなりません。発注の仕組みを最適化し、最終的には全体の作業量を最小化することを目指しています」

基幹系システムをバージョンアップし、店頭在庫をリアルタイムに可視化する取り組みを進めるほか、２０２３年秋にはＵＳＭＨ傘下のマルエツと共同物流センターを開設し、共同配送などを通してさらなる効率化を図る。

また、店舗従業員の商品ピッキング作業も増えたことから、新業態の店舗では自律型協働ロボットを導入して作業軽減につながるかを検証している。

ロボットの活用には、将来的にマイクロ・フルフィルメント・センター（ＭＦＣ）の開設を見据えた試験運用という意味合いもある。商品の発注から決済、返品やデータ管理などまですべてをワンストップでおこなうＭＦＣは、今後ますます増加するオンライン注文に対応する物流施設としてグローバルスタンダードになりつつあるからである。最新技術により運用を自動化するＭＦＣは省力化にも大きく貢献する。

山本氏が自動化に積極的なのは、**人を介する労働が多く、1人あたりの生産性（賃金水準）が低いスーパーの構造を変えたい**という思いも強い。

「幸いなことに小売業は技術革新に積極的。私たちも必要最小限の人員で高い生産性を獲得するとともに、少数精鋭の社員がさらなる付加価値を創造するという好循環を築き、スーパーを人が集まる業界にしていきます」（山本氏）

生活に必須となる小売業の現場をどう変えられるのか。貴重な働き手にどんな仕事をしてもらうのかを戦略的に選択し、足りない部分は自動化に投資する。そんなサイクルがはじまろうとしている。

【事例❸ 介護】

三大介助の負担を減らす製品・サービスを研究開発

(Future Care Lab in Japan)

介護人材の需給ギャップに対応するため、ロボットやセンシング技術をはじめとするＩＣＴを活用した業務の効率化は喫緊の課題となっている。そのなかでも、介護現場で無理なく導入できる製品・サービスを目指して、研究開発と技術検証を進めているのがFuture Care Lab in Japanだ。同研究所が携わった製品・サービスの事例とその狙いについて、片岡眞一郎所長、R&D責任者の芳賀沙織氏に話を聞いた。

テクノロジーの導入で周辺業務を効率化

Future Care Lab in Japanは介護現場のニーズと開発企業のシーズ（独自の技術やノウハウ）とのマッチングを通じ、メーカーと協力した製品・サービスの開発、メーカーが開発した技術の実証評価などをおこなう研究所である。

テクノロジーの導入で業務の効率化を図るおもな領域として、同研究所は施設の利用者を直接介助する「直接業務」以外の「周辺業務」を挙げる。なかでも食事、入浴、排泄という三大介助の周辺業務に関する研究開発や開発検証にとくに注力している。

たとえば、三大介助の周辺業務すべてに含まれるのが「記録する作業」である。介護施設では、利用者の主菜と副菜の食事量を0から10までの11段階で記録するが、目視による確認に時間を要する点、記録の転記や集約に手間がかかる点などが課題だった。同研究所は、食事の前とあとの画像をAIが比較して自動的に食事量を算出する自動計測システムを開発。データが介護記録に自動入力されるフローを想定する。

介護施設においてストレッチャーを使った特殊浴槽での入浴では、2人以上のスタッフが常時対応する必要があるが、介護用シャワー入浴装置「美浴《びあみ》」はスタッフ1

人で入浴介助が可能だ。

「美浴」は入浴者を専用の車椅子型チェアに移乗させ、背もたれをリクライニングさせ、ドーム状の本体にチェアごと入れてミスト入浴をおこなう。「導入したSOMPOケアの一部の介護施設では、約70人の施設利用者中10人程度に利用されているところもあります」（片岡氏）。

これまでは、そうした利用者も特殊浴槽で入浴していたことを考えると、スタッフの負担軽減の効果は大きいと言える。

また、心理的負担の大きな仕事の一つが排泄介助である。同研究所は、オムツをした利用者の排泄介助をサポートする「ラップポン・パケット」の開発協力にも携わった。この装置は自動式ラップ機構を搭載したオムツ回収ボックスで、排泄後のオムツを入れてボタンを押すと自動的に熱圧着で個包装され、ボックス内に格納できる。

「オムツを新聞紙やビニール袋で包んで居室から汚物室まで運び、またもとの居室に戻るという一連の作業に負担を感じるスタッフは少なくありません。機器導入で手間を削減でき、排泄後のオムツを手で運ぶという心理的負担も軽減できます」（芳賀氏）

自動化により直接介護に注力

三大介助などの直接業務は介護の中核になるタスクであるが、将来的には排泄や入浴、ベッドから車椅子などへの移乗・移動における精神的・肉体的負荷の高い作業を自動化していくことが望ましい。排泄については排泄予測センサーなどの導入で通常の排泄を促進することで、作業そのものの頻度を減らしていくことができる。

要介護度が高くオムツが欠かせない高齢者の処置は、前述の「ラップポン・パケット」やポータブルトイレの高機能化で清拭《せいしき》作業を軽減できるだろう。シャワーや入浴が車椅子に座ったままで可能になれば、1人での介助が当たり前になる。

食事介助については、配下膳《はいげぜん》作業のロボットへの代替は可能だが、食事を口に運ぶ繊細な作業などは残るだろう。周辺業務では高齢者の体動や呼吸、心拍の状態を検知するバイタルセンシング見守りシステム、排尿のタイミングを事前・事後で知らせる排泄予測デバイスなどの開発が進む。

SOMPOケアの介護施設では、スタッフが利用者と接する直接業務の割合が増え、片岡氏は、「今後はスタッフにいっそうのコミュニケーション能力が求められると感じています」と、介護職員の働き方の変化を見据える。

介護の人材不足は効率化だけでは解消できない

今後の課題としてはまず、コストの問題がある。政府は2022年度に移乗支援や入浴支援など一部機器、通信環境整備費用などの導入補助額を引き上げたが、さらなる機器のコモディティ（汎用）化や機能向上が期待される。技術とニーズのアンマッチも課題である。

同研究所などとの連携により、福祉事業者の経営方針、機器の性能・使いやすさ、エンドユーザーのメリット、経済性など複数の判断軸から製品を評価し、マッチングを図っていく必要がある。

介護施設の経営者のロボット導入への理解や現場のITやデジタルに対するリテラシー向上のためには、意識改革や組織内で認定資格を設けるなど、企業風土を変える必要もある。片岡氏は「2040年に予測される介護人材の需給ギャップは、テクノロジーによる効率化だけでは解消できない」と語る。

「たとえば現在、介護職員が担っている仕事の一部を有償ボランティアに移行する、また自立支援の観点も鑑みて、施設の中で比較的健康な方に手伝っていただくといった取り組みも必要になります。テクノロジーによって容易に介護業務に取り組めるよう、人材の裾野を広げることが重要です」（片岡氏）

同研究所が考えるように、テクノロジーを変革要因として介護サービス全体の見直しを早急に進めることが、需給ギャップの解消には必要不可欠と言えるだろう。

第7章

解決策❷

ワーキッシュアクトという選択肢

〝本業以外の活動〟が誰かを助けている

労働供給制約社会を迎える日本。あらゆる職種、あらゆる地域で担い手が足りなくなるのだから、解決策となる打ち手には、単なる「人の移動」や「余っているところから足りないところへ移し替える」だけではない、発想の転換が必要になる。

その発想の転換の一つの例になるのが、本章で紹介する〝ワーキッシュアクト（Workish act）〟である。これは、コミュニティ活動や趣味、娯楽といった本業の仕事以外の活動のうち、「誰かの何かを助けているかもしれない活動」を指す。

私たちはみな、他者の労働を消費している。そのことを、「共生」と呼んだり、「互酬」と言ったり、「人はみな生かされている」と感じてみたりする。しかし、単なる建前や信条ではなく、そのありがたさを本当に実感する社会がすぐそこに迫っている。労働供給制約が生活を破綻させてしまうかもしれない未来を回避するために、解決策の一つとして検証するのが、「ワーキッシュアクト」だ。

それは、「1人の人間がいろんな場面で活躍する社会へのパラダイムシフトが起こるのではないか」、という仮説に基づいている。

私たちが構造的な担い手不足について取材や調査を進めていた際に、この社会には本業の労働・仕事として担う人に限らない、当初想定していた以上に多様な担い手が存在していることに気がついた。例を挙げよう。

●スマホのアプリゲームで、地域のマンホールや電柱などを撮影し、位置情報に紐づけることで地域のインフラの状態が網羅・一覧化される。すでに大手電力会社が電柱のデータを初期点検に活かしはじめている。

●旅先で旅気分を味わいながら誰かの困りごとを手伝う。知らない地域に行きたいと考えている旅行者と、誰かに手伝ってほしいと思っている人とがつながることで、誰かの困りごとが、誰かの旅先での〝アクティビティ〟になる。

●ランニングやウォーキングをしながら地域を見守る「パトラン」が全国に広がっている。警察や自治体だけで地域の見守りを担うことが難しくなるなか、出勤途中や仕事の合間、健康のための習慣としてなど、参加者がそれぞれ無理のない範囲で続けられる活動としておこなわれている。

●介護現場には、利用者のレクリエーションの企画や準備・運営、利用者との雑談、施設のホームページの作成・運用など、必ずしも介護福祉士がしなくてもいい業務がたくさんある。

こういった業務を、介護に関心がある人に少しずつ担ってもらう。

動機は「楽しいから」「得をするから」

こうした本業の労働・仕事以外の活動には、「誰かの困りごとや手助けしてほしいというニーズ」（労働需要）に力を貸している性質がある。また、家事などのシャドーワークのように義務的ではなく、何らかの報酬（金銭報酬・心理報酬・社会的報酬など）があるという特徴を持つ。

こうした本業の労働・仕事以外で何らかの報酬を得るために、誰かの何かを担う性質がある活動のことを「ワーキッシュアクト」（Workish act）と名づけた。

Workish actは、2つの言葉で表現される。

- Work-ish：何か社会に対して機能・作用をしているっぽい
- act：（本業の仕事以外の）さまざまな活動

この場合の「ワーキッシュ」は単に「仕事っぽい」という意味ではなく、「機能する、作用する」といった英語の意味を採用している。「アクト」は言葉のとおり「活動」であるが、「舞台で演じる役」という意味もある。今後の社会で人が仕事だけでなく、さまざまな「役を演じる」可能性があることも含めて表現した。

こうしたワーキッシュアクトには、ゆるやかに共通する特徴がある。

とくに大きなポイントになるのが、すべての参加者が崇高な社会理念や意識を持って実施しているわけではないという点だ。「自分が楽しいからやる」「自分が得をするからやる」という当たり前のきっかけが、人々がおこなう動機になっている。ただ、結果としては確実に、誰かの困りごとや手助けしてほしいというニーズを満たしている。

また、報酬のあり方もさまざまだ。ワーキッシュアクトに対して支払われる対価はいろいろで、充分な金銭的リターンがあるもの、地域ポイントなどが得られるもの、社会的な報酬や心理的な報酬があるもの、あるいはその組み合わせ、がある。

私たちが提唱するワーキッシュアクトは、これまでは「慈善活動」や「ボランティア」「コミュニティ活動」「副業」「趣味」、はたまた「娯楽」などと呼ばれてきた活動のうち、結果として誰かの困りごとを助けているものの集合体である。

労働供給制約社会において、右記のような活動を単に慈善活動や娯楽としてだけ捉えてよいものだろうか。その価値をもっと前向きに受け止めるべきではないか。「本人が自分のためにやっているに過ぎない」ことでも、結果として誰かを助けているのだ。

先述したワーキッシュアクトの4つの例は、いずれも実際におこなわれている活動だ。日本社会には、じつはこうした労働供給制約社会を乗り切るための〝芽〟がポツリ、ポツリと吹きはじめている。

この芽を読者のみなさんにも、ぜひよく知っていただきたい。それを単なる「はいはい、ボランティアだね」とか「副業でしょ」「よくあるスマホゲームの一つね」といった言葉で片付けてしまえばそれでおしまいで、起こっていることの重大さにまったく気が付かずにいるだけだ。

しかし、ワーキッシュアクトという視点から俯瞰して見たときに、これから紹介する新進気鋭の各プレイヤーがおこなっている取り組みは、労働供給制約下でも持続可能な社会をつくるための新たな発想に満ちあふれている。

私がワーキッシュアクトという発想に気が付かされたのは、まさにこれから紹介する取り組みを見つけたためであり、そのときの驚きともワクワクとも言える気持ちを、少しでも感じていただければ幸いである[31]。

【事例❶】

アプリゲームで楽しみながら地域のインフラ保全

（NPO法人Whole Earth Foundation日本事務所　福田恭子氏）

労働供給制約が進むなか、日々の暮らしに不可欠なインフラを支える人材は圧倒的に不足している。この課題解決に立ち上がったのが、シンガポールに拠点を置くNPO団体「WEF」（Whole Earth Foundation）だ。市民の力で地域インフラに関する情報を集めるエコシステムの構築に奔走する日本事務所の福田恭子氏に、新たなムーブメントの最前線で起きている変化について聞いた。

住民の力で地域のインフラを守る

――なぜマンホールなどの写真を集めるアプリを開発することになったのですか。

「私たちが取り組んでいるのは社会インフラの老朽化の問題です。マンホールの場合、日本では全国1500万基のうち、300万基余が耐用年数を超えているのですが、

（31）以下の所属、肩書は取材当時（2023年3月）のもの。リクルートワークス研究所HP、「ワーキッシュアクトに関するインタビュー」より。

年間10万基しか交換できていません。電柱や道路なども含め、さまざまなインフラがこれから老朽化の課題に直面すると見ています。

ＷＥＦの創業者で代表の加藤崇が、２０１５年にアメリカのシリコンバレーでFracta（フラクタ）という会社を起業しました。水道管の劣化予測のソフトウェアの開発・販売を手掛ける同社のシステムは、アメリカでは現在28州で70社以上の水道事業体に導入（２０２２年7月末時点）されています。

こうした動きのなか、インフラの老朽化の問題について、インフラ業界の構造的問題を解決し、業界改革を起こすためには市民の声が大事だということに気づいたのがきっかけです。

たとえば、下水道の維持管理を担当する役場の職員は通常、数人程度。その人員で数万〜数十万基ものマンホールのメンテナンスを担うのは無理があります。点検作業は現場を実際に巡回して確認しなければならないので、老朽化に対応しきれなくなるのは必然です。

彼らが本来、労力を割くべき修繕・交換業務に集中できるよう、市民がリソースを提供していくエコシステムをつくることで、効率的に地域インフラを守ることができると考えています。実際、自治体からもそうした要望を聞いています。

私たちが普段、安心して暮らしていけるのは、生活維持サービスを享受できているからです。でも、住民たちはインフラの維持管理は『行政がやってくれるもの』『(自分以外の)誰かがやってくれるもの』という意識が根強い。とくに人口減少が顕著な地方自治体は人手も税収も減り、要員確保に相当苦労されています。

そうしたなか、住民の意識も『自分たちの町は自分たちで守る』という方向へ変わらなければいけないと思います。私たちが開発したゲームアプリの普及を通じ、その役割を担うことができればと考えています」

――そうした考えから、市民が参加する社会貢献型ゲームとして「鉄とコンクリートの守り人」や、その進化版アプリ「TEKKON」を開発されたわけですね。

「いずれもインフラ老朽化の課題に対し、市民が力を合わせて撮影・投稿、レビューし合うことで、インフラの安全を確保するのが目的です。『鉄とコンクリートの守り人』はマンホールのみが対象でしたが、『TEKKON』では電柱も加えています。『鉄とコンクリートの守り人』のアプリは1年間かけて91万基のデータを収集しました。『TEKKON』は一般公開した2022年9月から3カ月足らずの累計で、すでに50万基近く投稿されて、情報収集の勢いはさらに増しています。これは、ユーザーのみなさまに私たちの社会貢献の取り組みに共感していただいているのが要因の一つだと思います。

ただ、それだけではこれほどのムーブメントは起きないはずです。単に『町のためによいことをしよう』というのではなく、『ゲームで楽しく遊んだ結果として町のインフラを保全できる』というセットの魅力が、人気につながっていると思います。

『TEKKON』をリリースしたタイミングで、日常のプレイでもポイントを獲得できるシステムを導入したところ、累計投稿数・レビューが急増しました。このように、『楽しさ』＋『やればやるだけリターンが得られる』という2つのインセンティブが相互に作用していると思います。

これは創業者の加藤の言葉ですが、『社会のために活動する』という善意のパワーを搾取するだけでなく、しっかり対価を与えて還元していくことが大切だと考えています。社会的価値と経済的価値を融合させた『社会経済価値』を市民に還元するシステムが、好循環の背景にあると思います」

市民、インフラ企業、自治体と連携

――アプリを公開してから、ユーザーたちからはどんな反応がありますか。

「『TEKKON』のヘビーユーザー、いわゆる〝プロユーザー〟の中には2カ月で3万基以上を投稿した人もいます。日常生活の一部として習慣化されているのだと思います。

イベント開催時には、自治体が把握しているマンホールの位置情報データと、市民が収集した画像をリンクさせるのですが、自治体の管理から漏れているデータが見つかることもあります。自治体は人手不足のため、市民からの通報や苦情がない限り現場まで行けない状況が続き、マンホールの存在自体、把握できていないこともあるようです。

私たちのアプリ上では、『ヒビがあります』『欠けがあります』など画像にレビューを付けて投稿することで劣化を可視化しやすくしており、静岡県三島市ではそのデータを踏まえて実際に4基のマンホールが交換されました。

先日、大阪で開催したユーザーの交流イベントでは、マンホールや電柱に詳しい方々が集まっていました。『あそこのマンホール、見に行きましたか？』『見ました、見ました』といったマニアックな会話が飛び交っていました。道を歩けばマンホールや電柱に目が向いてしまうという方々ばかりで、趣味のレベルを超えた人たちが多かったのが印象的です。

年代はさまざまでしたが、撮影や投稿をしない日があると落ち着かないという人、撮影のために仕事場までの道のりを遠回りするのが習慣になっている人、毎日夫婦で散歩しながら撮影している人、パートとお子さんを迎えに行く間の隙間時間に撮影・投稿している人、ビジネスモデルに興味を持ち研究テーマにしている学生グループもいました」

――企業や自治体の関心も高まっているそうですね。

「ゲームイベントを通じてインフラのデータを集めたいと考えている自治体もあれば、インフラ事業に対する市民の関心を高めるのが主眼という自治体もあります。一方で、企業とのコラボの取り組みも進んでいます。電柱に関しては、北陸電力が弊社のアプリゲームの活用によって、実際にどの程度の労働の代替が図れるのか実証実験をはじめています。

北陸電力がこれまで担ってきた検査業務の項目のほんの一部でも、市民が代替することで作業の効率化が進めば、それだけでも十分価値があると受け止めてくださっています」

【事例❷】

楽しく参加できる「パトラン」で地域を守る

（認定ＮＰＯ法人 改革プロジェクト代表理事 立花祐平氏）

労働供給制約社会における治安維持や住民サービスの低下をどう防ぐか。この課題を解決するヒントの一つが「パトラン」だ。市民がランニングをしながら地域を見守る防犯パトロールが福岡から全国に広がっている。立役者の認定NPO法人改革プロジェクト代表理事の立花祐平氏に、本業以外にワーキッシュアクトを担う多様な個のつながりの価値を聞いた。

きっかけはランニングブーム

――パトランは、どのような経緯ではじまったのですか。

「環境問題といったテーマで活動している人は確実に増えていると思いますが、地域課題に対して本業とは別にライフワークとして携わる人は、まだまだ少ないように感じます。とはいえ、きっかけさえあれば地域の役に立ちたいと考えている人は多いはず。地域と積極的にかかわる人が増えれば、よりよい社会につながると思います。

パトランをはじめたきっかけは、以前一緒に海岸の清掃活動をしていた女性メンバーが、帰宅途中に不審者から被害を受けたのがきっかけです。『安全だと思っていた地域で、こんなことが起きるんだ』と衝撃を受け、団体の活動として防犯パトロールをはじめました。

当時20代が中心でスタートしましたが、何も起こらない日のほうが多いなか、防犯活動をするモチベーションの維持は容易ではなく、半年後には私1人になってしまいました。どうしたら活動を持続できるだろうかと考えていたところ、当時はランニングがブームで、ランナーをあちこちで見かけました。それでふと、『ランニングをしながら地域を見守る活動ができるのでは』と考えたのがはじまりです。

連れ去りや車内に取り残された幼児が熱中症で亡くなるなど、なんの罪もない子どもが犠牲になる悲劇が全国で相次いでいます。もし地域にパトランのメンバーがいれば、1人で歩いている女児を見て、無関心に放っておくことはありません。『何かおかしいぞ』というアンテナが働き、遠くからでも見守ったり、声をかけたりするはずです。そのように地域の異変や違和感を察知できる存在、『温かい目で地域を見守る』ことができる人材が少なくなっているのが課題だと思います。

地域には『声にならない声』もあります。DVや虐待の被害に遭っている子どもは、自分からSOSを発信できないことも多い。実際、パトランのメンバーがすれ違ったときに、目で『助けて』と訴えかけてきた子もいたんです。そういう『見守りのセンサー』を持つだけで救える命を増やせると思っています。

『自分たちが行動しよう』という意識に向かう人は一部で、『警察や自治体がもっとしっかりすべきだ』という議論になりがちです。しかし、警察や自治体だけですべてを担うことは本当に現実的でしょうか。ただ、今の若い人たちの間では、自分たちは社会的な活動の担い手だという意識が高まっているようにも感じます」

一番のモチベーションはメンバー同士の交流

――どんな人たちがパトランに参加しているのでしょうか。

「登録メンバーは約2500人。30~50代がメイン層で、子育てが一段落ついた世代が中核となりパトランの基盤を支えています。仕事の合間に参加している人が多く、パトランしながら職場に出勤する人もいます。

そのほか、親御さんと一緒に参加する小学生もいますし、年輩の方にはウォーキングでゴミ拾いしながら参加してもらうこともあります。それぞれが自分のスタイルで、無理のない範囲で続けられるのがパトランの魅力の一つだと思います」

――活動を長く続けている人のモチベーションは何ですか。

「勤務先の行き帰りなど、習慣に組み込むことができている人は長続きしますね。

メンバーのモチベーションを維持する取り組みとしては、一定の活動基準をクリアした人に『認定パトランナー』という称号を与える制度があります。認定証書やアイテムを贈り、名簿をホームページに掲載します。また、パトランの活動を集計する『パトっち』というシステムをつくり、実施回数や時間の記録をランキング表示しています。

とはいえ、一番のモチベーションはメンバー同士の交流です。コロナ禍で中止を余儀なくされていたメンバー同士の交流や、観光地でのパトランなどのお楽しみ企画も2022年から再開しています。

参加の動機は人それぞれですが、一つは健康です。最近太ってきたとか、お酒を飲みすぎて数値が気になるなど、健康改善のためにはじめたいという人が3割ほどいます。もう一つが、社会的な活動をしたいという人。趣味でやっているランニングが地域の役に立つのであれば、という人が3割。あとは、知人のSNSやマラソン大会でパトランTシャツを着用したメンバーを見かけ、『楽しそうに見えたから』という人たちもいます」

職場以外に自分の居場所を持つこと

——同じような取り組みが全国に広がりつつありますが、パトランの魅力は何ですか。

「自分にもできるかも、というハードルの低さが魅力なのかもしれません。6割はもともと普段からランニングしていたランナーなのですが、残り4割はこれまで走る習慣がなかった人たちです。地域に居場所が欲しい、仲間をつくりたいという動機で参加する人もいます。

『パトランの魅力は何ですか』とアンケートで尋ねると、8〜9割は『パトランナーの仲間との絆』と回答しています。パトランを通じた人とのつながりが一番の魅力のようです。

防犯面の効果をできる限り数値化し、活動が役に立っていることをメンバーにも伝えていますが、実感はわきにくいのだと思います。活動の輪の中で楽しむことで自分自身が充実した生活を送れるといった、『自分に返ってくるもの』に魅力を感じる人が多いのでしょう。『社会のために』と意気込むことも大事ですが、『楽しいので参加しています』というぐらい肩の荷を下ろして参加している人のほうが長続きしているかもしれません。

2021年以降、企業の社内メンバーで月2〜3回活動する『パトランクラブチーム』が立ち上がっています。第1号は茨城県の企業で、SDGsやサステナビリティ（持続可能性）の取り組みの一環、社員の健康促進という位置づけではじまりました。2022年度内にさらに複数企業のチームが立ち上がる予定です。

自治体との連携については、愛知県西尾市と包括連携協定を結び、一緒にパトランの輪を広げることになりました。ほかにも、地域に拠点を置くパトランチームが核となり、自治体や警察、NPOと連携する事例は増えつつあります」

――パトランの活動をとおして、どんな社会をつくっていきたいですか。

「犯罪を減らしたいという目的は当然ありますが、それは副産物なのかもしれません。パトランを通じて地域に居場所ができ、生き生きと自分らしく過ごせる人が増えることが、本質的にはより大事なことのように思います。その結果として、地域社会に関心を持つ人を増やせればいい。

これから圧倒的な人材不足になる地域社会で、職場とは別に自分の居場所を持つことの価値は高まるはずです。職場の人間関係しか築いてこなかった人が退職後、いきなり地域活動に入ろうとしてなじめず右往左往するケースは中高年男性に多く見られますが、ビジネスとは逆の発想でプロセスを楽しむ姿勢が求められます。

団体で主催するマラソン大会でイベントのボランティアを募ると、応募が最も多いのは女子高生です。彼女らから社会への関心の高さもうかがえますが、大学の推薦入試に有利という面もどうやらあるようです。

つまるところ、地域社会とかかわる入り口はなんでもよくて、経験して何を感じるかが大事です。こうした動きも含め、今の社会の流れが私たちの活動を後押ししてくれているように感じます。活動をはじめた10年前だとありえなかっただろうなと思います」

成功事例に学ぶ3つのポイント

本業の仕事以外で誰かの何かを助けているかもしれない活動、「ワーキッシュアクト」の事例として、実際におこなわれている取り組みの仕掛け人たちの話を紹介した。

話を整理すると、こうした活動が持続的なかたちで広がっているポイントは、❶〝結果的に〟誰かの何かを助けていること、❷何らかの〝報酬〟があること、そして❸片手間でできることだ。

❶〝結果的に〟誰かの何かを助けていることについては、立花氏が「入り口は何だってい い」と話しているように、社会正義を持ち、意識高くはじめる人だけではない。はじめる理由は「ギフト券が欲しい」でも「楽しそうだから」でも「誰かに誘われた」でも「大学入試で有利になるから」でもかまわないのだ。

〝その活動が結果として誰かの何かを助けている〟のであれば、労働供給制約社会においてそれは100%大切なものである。この「はじめた理由」については、データでもさまざまな入り口があることがわかっており、後述する。

また、❷何らかの〝報酬〟があることも重要だ。持続的な取り組みになるために、仕掛け人たちはさまざまな報酬や対価を考えていた。それは金銭や地域通貨、ポイントといった経済的な対価が設定されている場合もあれば、活動している人が地域で賞賛されたり、コミュニティで楽しく過ごすことができたりという社会的・心理的な対価まで、さまざまな報酬設計の組み合わせが試行錯誤されている。

重要なのは、単なる「やりがい搾取」「善意の搾取」にしてはいけないと語られていることで、正当なさまざまな対価が持続可能な活動にとって必須なのだ。誰かの善意が搾取される仕組みでは、長くは続かない。

3つめの、❸**片手間でできること**も重要だ。本業の仕事以外にプラスアルファでおこなえる活動を、誰かの何かを助けるために〝転換〟するのだ。そして、本業の仕事でしっかりと収入を得ている人がワーキッシュアクトをすることで、本業の仕事で得られないものを獲得する発想である。

「パトラン」のように、人の習慣や普通に毎日やっていることを転換するというアプローチは、その好例だろう。

ジムのルームランナーを走っていることと「パトラン」のTシャツを着て地域を走ることは、運動上の効果は同一である。しかし、労働供給制約社会における関与度合いは歴然と異なる。その違いを生み出すのは「人がすごい活動をしたから」ではなく、単に「仕組みの問題」である。

この〝片手間でできる、すでに人がしていることを転換する仕組みづくり〟には、今はまだ誰も着想していないようなさまざまな発想がありうるだろう。

図15：ワーキッシュアクトの実施率（実施者に占める割合）

町内会・自治会・マンション管理組合などの地域活動	28.1%
収入をともなう副業・兼業	21.3%
趣味・娯楽などを通じたコミュニティへの参加	20.1%
子どもの教育活動や運営の手伝い・参画 （学校運営のサポート、PTA、子ども会など）	11.6%
農作業や自然保全などの活動	9.1%
道路沿いや公園など公共空間の清掃活動・掃除	9.1%
周囲に住む隣人の生活の手助け（雪かきや草刈り、送迎など）	9.1%
スポーツの指導や楽団員などのスポーツ・芸術活動への参加	8.1%
消防団、防犯活動、交通安全活動などの 地域の安全に関する活動	5.3%
収入をともなわない副業・兼業	5.1%
町づくりや町おこしの活動	4.0%
自身の家族以外の高齢者や介助が必要な方の 生活などの手伝い	3.9%
自分が詳しい何かを他人に教える活動 （〇〇塾・〇〇教室など。オンラインで実施しているものも含む）	2.5%
プロボノ（※）活動 （職業上保有する知識・スキルを活かしたボランティア）	2.4%
自身の家族以外の子どもの子育てや育児の手伝い	2.5%
民生委員や児童委員など、地域の人々の相談にのる活動	2.4%
災害からの復旧・復興の支援	2.4%
介護・医療施設の活動補助や運営の手伝い・参画	1.9%
上記に挙がったもの以外のボランティア活動	10.2%

※仕事で培った専門性を活かしたボランティア活動のこと

出典：リクルートワークス研究所　2023、「未来予測2040」より。

以下、とくに注記のないものは同様

4人に1人がワーキッシュアクトをしている

さて、私たちはワーキッシュアクトの現状を把握するための調査[32]も実施した。20〜69歳の日本に在住する人を対象に、ワーキッシュアクトについて、その実施理由や形態を問わず、他者の労働需要を満たすことが想定される本業以外の活動をしているかを質問した。

現在、何らかのワーキッシュアクトを実施している人は回答者のうち25・6％、これは日本の人口に置き換えれば約１９６６万人の規模である。[33]そのほか、ワーキッシュアクトを実施したいが今できていない回答者が24・２％。実施している人と今後実施したい人を合わせて、日本の人口に置き換えると約３８２４万人であった。

ワーキッシュアクトをする理由ベスト3

続けて、こうしたワーキッシュアクトをなぜはじめたのかを聞いてみた。その結果を１８６ページの図16に整理した。

ワーキッシュアクトの実施理由の上位3つは、以下になる。

- さまざまな人とつながり、交友関係が広げられるため（29・1％）
- 楽しい時間が過ごせるため（25・2％）
- 家族や友人、知り合いなどに頼まれたため（22・0％）

結果からは、こうした活動をしている人の多くは、社会に対する意識が高いわけではなく（「社会貢献したいため」を実施理由とする人は19・1％に過ぎない）、「自分の得になる」と感じていたり、「誰かに誘われた」りしたために取り組んでいるという実情が浮かび上がっている。

しかし、その結果として誰かの労働需要を満たしている可能性がある活動をし、誰かの何かを助けているわけだから、どんな理由であれ、労働供給制約社会においてその価値は高まっていく。

(32) リクルートワークス研究所、2022、「労働代替活動調査」。サンプルサイズ 5482。居住地・性別・年代を人口動態と合わせて割り付けし実施。以下、本章の図はとくに注記なき限り本調査を出典とする。
(33) 総務省統計局、「人口推計」より2021年10月時点における20～69歳人口を算出し推定した。

図16：ワーキッシュアクトの実施理由（実施者/複数回答）

さまざまな人とつながり、交友関係が広げられるため	29.1%
楽しい時間が過ごせるため	25.2%
家族や友人、知り合いなどに頼まれたため	22.0%
自身の成長につながる経験ができるため	21.2%
社会貢献したいため	19.1%
時間にゆとりがあるため	17.8%
新しい知識や技術、経験が得られるため	16.4%
これまでお世話になったことの恩返しをしたいため	15.2%
生活を維持する最低限の費用以外に、貯蓄や自由に使えるお金を確保するため	15.2%
生計を維持する（生活費や学費を稼ぐ）ため	14.8%
将来自分もお世話になるかもしれないから、できることはしたいと思うため	12.9%
自分の知識や能力を試してみたいため	12.8%
とくに理由はない・何となく	9.9%
成果がすぐに確認できたり、相手の反応がわかるなど直接の手応えを感じることができるため	7.3%
将来その活動を本格的にやってみたいため	6.9%
その他	5.8%

地方のほうがワーキッシュアクトが盛ん

それでは、どんな人がワーキッシュアクトをしているのだろうか。調査をもとに、多く実施していた人、（多くはないが）実施していた人、そして実施していなかった人の3つに分けて見てみよう[34]。

まず**ワーキッシュアクトをしている人が多いのは、大都市圏[35]居住者よりも地方居住者**であった。大都市圏では「活動あり」が19・0％、「活動多い」が4・5％なのに対して、地方では「活動あり」が23・8％、「活動多い」が5・5％である（図17）。

年齢別の月の平均実施時間を図18にまとめた。興味深い〝U字型〟になっており、U字の底は40代である。20代、30代は高く、また、本業の労働時間が短くなっている60代も高い。こう見ると、とくに若い世代においてはパラレルワーク、パラレルキャリアなどという言葉も一般化したように「同時にいろいろな活動をする」ことに違和感がなくなってきているという背景もあるのだろう。ワーキッシュアクトは、いろいろな場面でさまざまな自分を〝演じる〟（act）ことであり、若い世代を起点に広まっていくことが期待される。

（34）「多い」とは、月25・0時間以上実施している人であり、出現率は実施している人のうち上位約20％であった。
（35）首都圏（東京都、神奈川県、千葉県、埼玉県）・愛知県・阪神圏（大阪府、京都府、兵庫県）の東名阪エリア。また、都市圏は政令指定都市が存在する都道府県。地方はそれ以外とした。

図17：ワーキッシュアクトをしている人

	活動なし	活動あり	活動多い
大都市圏	76.5%	19.0%	4.5%
都市圏	71.8%	22.3%	5.9%
地方	70.6%	23.8%	5.5%

図18：ワーキッシュアクト実施時間の平均（時間／月）

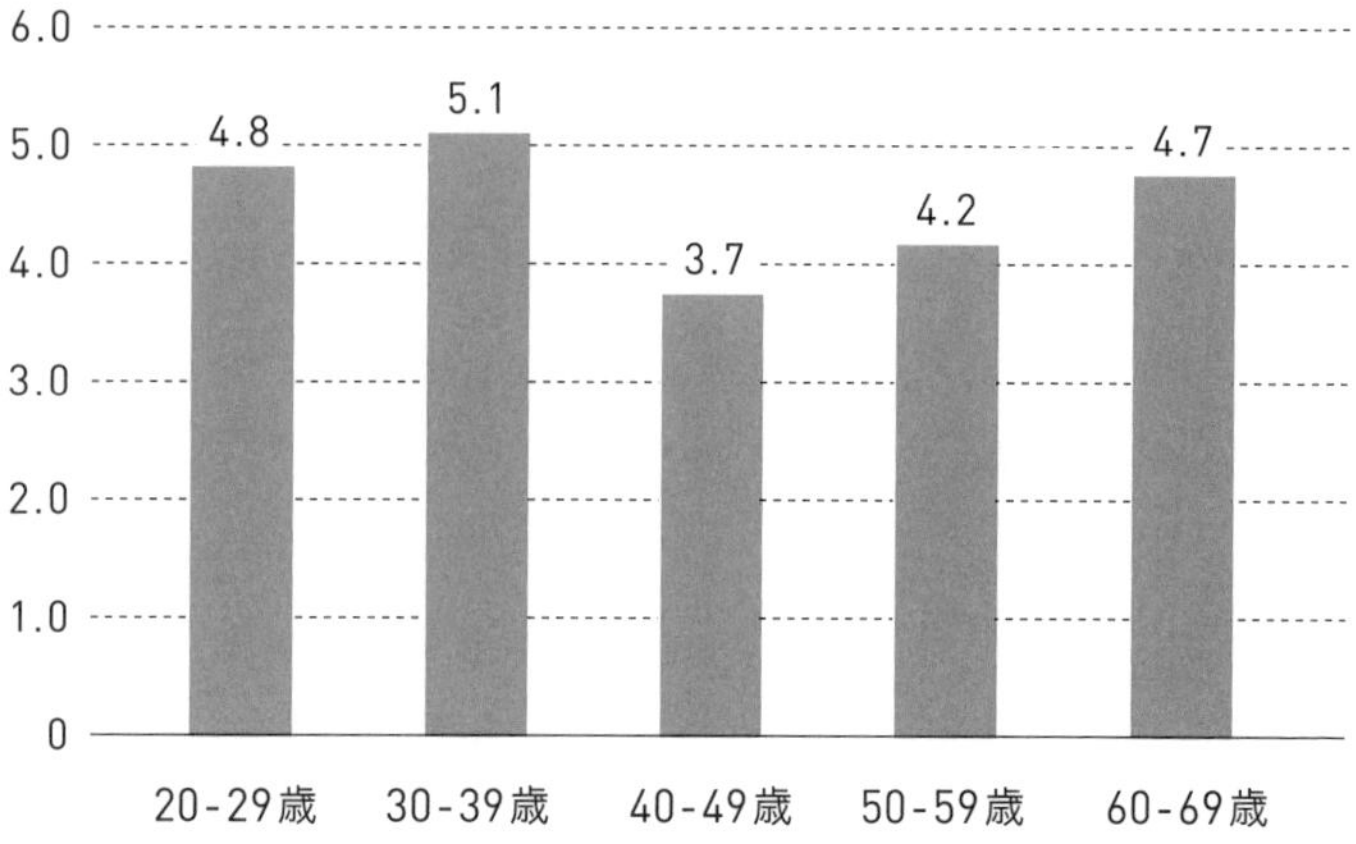

リモートワークの本当の価値

また、労働環境面で注目すべきこととして、会社による制度との関係性が見られた(図19)。たとえば、リモートワーク機会があることとワーキッシュアクトの実施には強い関係があった。「リモートワーク機会が月1、2回以上ある」人の場合は、「活動なし」の人が15・7%のところ、「活動あり」の人は22・9%、「活動多い」人では34・0%に達している。

これはワーキッシュアクトを考えるうえで極めて大きなファクターである。リモートワークによる通勤時間の縮減はその人の可処分時間を増やす。そう考えたときに、**リモートワークを導入している企業は、従業員の可処分時間を直接的に増やしていることになり、それはじつは労働供給制約社会において重大な社会貢献となっている可能性がある。**

2023年現在、産前産後のリモートワーク適用が議論されているが、それだけではなく企業の社会貢献として社会全体でインセンティブを提供し、評価すべきかもしれない。

なお、日本人の通勤時間の全国平均は1時間19分である。[36] 関東地方で長く、全国最長は神奈

(36) 総務省統計局、平成28年、「社会生活基本調査結果」。

図19：所属する会社の制度とワーキッシュアクトの関係
（制度などが「ある」割合）

	活動なし	活動あり	活動多い
リモートワーク機会が 月1、2回以上ある	15.7%	22.9%	34.0%
ボランティア活動を 支援する制度	5.6%	12.5%	14.8%
部活動やサークルなど 社員間の交流を促す制度	5.9%	7.6%	9.1%
会社として目的を問わない 長期の休暇制度 （リフレッシュ休暇、サバティカル休暇など）	11.4%	18.3%	17.7%
副業・兼業を可能とする規定	9.1%	17.5%	24.4%

川県の1時間45分。東京都も長く、1時間34分であった。他方で、最も短いのは大分県の57分である。先述した大都市部のワーキッシュアクト実質率の低さは、じつは通勤時間問題が原因の可能性もある。通勤時間が短い地域は、今後の日本社会を変える潜在力が高いと言えるかもしれない。

ほかにも社員のボランティア支援制度や、社員間交流の支援制度、目的を問わない長期休暇制度、副業・兼業を認める規定など、会社が制度を整えている場合にワーキッシュアクトに取り組みやすいことが示唆される。企業は個人のこうした活動をサポートすることが可能なのだ。**企業が労働供給制約社会でできることのうち一つの具体的な手は、働き手を職場で独占しないこと**であろう。

こういった「労働供給制約社会で企業ができること」が見えてきており、まとめて第9章で取り上げる。

個人の仕事スタイルや認識、家事育児や経済見通しについても調査をしている（図20、21）。仕事スタイルや認識について特徴的だったのは、「同時に二つのことに取り組んでも、その両方で全力を出すことは可能だ」「場面によってどのような自分を見せるか使い分けたい」という回答者がワーキッシュアクトを実施する人に多かったことだ。

ワーキッシュアクトを実施したことで、そうした気持ちが強くなってきたのかもしれないし、逆にそうした気持ちがあったから活動に参加したのかもしれない。いずれにしても、さまざまな場面で豊かに活躍できるのではないか、という気持ちとリンクしていることがわかる。

ただ、ワーキッシュアクトをしているからといって今の本業に不満があるわけではないようで、「今の会社で、定年・引退まで働き続けたい」という回答率とは関係が見られない（活動があろうがなかろうが、定年・引退まで働き続けたい人は40％前後であった）。

生活面ではどうだろうか。家事・育児・介護といった家庭内労働時間が長いとワーキッシュアクトは難しいのではないかと考えられたが、家事・育児・介護時間は「活動なし」の人が最も少なく、単純な関係は見られない（図21）。

社会のなかには、仕事も家事・育児・介護もほかの活動も含めて「いろいろな活動をしている人」がいるが、こうした人ががんばりすぎないようにサポートしたり、助言をしたりする仕組みづくりも必要になってくるだろう。本業の会社での仕事だけが社会とつながる活動ではないのだ。

世帯の経済見通しについては、「楽になる」と答えた人のほうがワーキッシュアクトの実施率が高くなる傾向がある。「衣食足りて礼節を知る」とよく言われるが、経済的に見通しが立った状態のほうが取り組みやすいのは間違いない。

図20：個人の仕事のスタイル・認識
（以下の質問に「あてはまる」と答えた%）

	活動なし	活動あり	活動多い
同時に二つのことに取り組んでもその両方で全力を出すことは可能だ	26.5%	37.6%	50.6%
職場、家、趣味の場など、場面によってどのような自分を見せるか使い分けたい	41.6%	52.5%	55.7%
今の会社で、定年・引退まで働き続けたい	39.6%	42.1%	38.8%

図21：家事・育児・介護時間、経済見通し

	活動なし	活動あり	活動多い
家事育児介護時間（働いていた日）	2.26 時間	2.54 時間	2.48 時間
家事育児介護時間（休日）	2.84 時間	3.26 時間	2.97 時間
5 年後の世帯の経済見通し「楽になる」	11.7%	19.8%	22.4%
5 年後の世帯の経済見通し「厳しくなる」	36.1%	34.9%	38.0%

※下の2つは「楽になる／今と変わらない／厳しくなる」と質問。「楽になる」「厳しくなる」と回答した人における割合。

ワーキッシュアクトの意外な効果

ワーキッシュアクトにはどんな効果があるだろうか。左ページの図22をご覧いただきたい。現在の生活への満足感については、経済状況とリンクするため経済見通しが「楽になる・変わらない」か「厳しくなる」かの回答によって分けて検証したところ、ともにワーキッシュアクトの実施者が生活に満足している割合が高い（もちろん経済的に厳しい状態から抜け出すこと、そのサポートがまずは必要だ）。

今回の調査からは、生活に満足しているからワーキッシュアクトをしたのか、ワーキッシュアクトをしたから生活に満足感がわいてきたのかの因果関係はわからない。しかし、両方の動きがあることが想像できるし、この両輪を回していく好循環を巻き起こすことが重要になるだろう。

人とのつながりについても、「わからないときに人に助けを求めることができる」など、ワーキッシュアクトの活動をしている人ほど強いことが明らかになっている。孤立、孤独が大きな社会問題となって久しいが、こうした人とのつながりの実感がもたらされることがワーキッシュアクトを促進するのではないか。

また、ワーキッシュアクトをしている人は、「コミュニティに不満がある場合に、提案するなど自ら変えるための行動を起こす」傾向も強いようだ。旧来の共同体が縮小・消滅していく

図22：ワーキッシュアクトと生活満足度・つながり実感など（あてはまる・%）

	活動なし	活動あり	活動多い
生活に満足している (5年後の世帯の経済見通し楽になる・変わらない)	50.7%	63.5%	63.9%
生活に満足している (5年後の世帯の経済見通し厳しくなる)	31.3%	41.7%	42.3%
わからないときに人に助けを求めることができる	49.1%	64.5%	64.7%
人の力になりたいと思う	49.7%	68.5%	70.2%
自分が所属するコミュニティ（職場、地域など）のルールやしくみに不満がある場合、提案するなど自ら変えるための行動を起こす	18.1%	30.8%	38.0%

日本社会で、そのあり方のアップデートが議論されているなか、こうしたコミュニティを改善しようとする人の広がりも見逃せない効果だろう。

人はワーキッシュアクトをすることで、日々のちょっとした生活に幸せを感じ、助けてくれる誰かが意外とたくさんいることを知り、自分も誰かに何かできると思い、そしてこの社会をいい方向へ変えられる可能性を感じるのかもしれない。

新しい〝働き方〟の創造

ワーキッシュアクトという人間の活動が、労働供給制約の一つの解決策になると考える。

ワーキッシュアクトは、はじめる理由も、金銭対価も、活動しているという意識すら問わない。重要なのは、ただ結果として誰かの「何かしてほしい」という〝労働の需要を満たしていること〟だ。

たとえば、週に何日かジムのルームランナーで走っている人が、同じ運動をする際に少し鮮やかな色のユニフォームを着て外を走ったら、それは警察官や警備員の仕事のある部分を必要とする人の手助けになるのではないか。誰かと話をしたいと思っている人が、介護施設に行って入所者と話をしたら、介護福祉士の仕事のある部分の手助けになるのではないか。

今後、誰かの労働需要を満たす必要が前例のないほど高まる社会において、ワーキッシュアクトはエンタメと融合したり、より楽しく豊かに実施される可能性が十分にある。別に誰かの需要を満たすことが苦役である必要はない。労働供給制約社会は人間の本質的な社会性、つまり生きていると、なんとはなしに誰かのためになっている性質を強調するのではないか。現在は必要なシステムやプラットフォームが未整備であるために、誰かのつらい労働や善意・共助に頼りきりになってしまっているのではないか。

また、ワーキッシュアクトを調べていて感じるのは、その行為はその人の能力やスキルが高いとか低いとは無関係ということだ。おこなったこと自体に価値があり、感謝される。しかし、いくらでも代わりがきく誰かがおこなうわけではない（担い手の絶対数が不足するわけだから当然だ）。

「誰でもできるが、代わりがきかない」――。

これまでの社会（労働供給が充分な社会）であれば矛盾していた2つの性質が、矛盾なく両立する社会が今、到来しようとしている。

その際に起こるのは、「労働」や「仕事」が今までのイメージから大きく変容することだ。「労働や仕事ではない部分」が変わることで、人は労働や仕事に何を求めるようになるだろう。労働供給制約社会の必要性は、人の働き方を新たに創造する潜在性を秘めている。

第8章

解決策❸

シニアの小さな活動

〝誰かの役に立つ〟は仕事とは限らない

高齢者人口比率がますます上昇し、労働供給が制約される。このような未来においては、高齢であったとしてもすべての人が、自身のできる範囲で無理なく社会の役に立つということを念頭におく必要がある。

一方で、そうはいっても、歳をとってからも現役時代と同じように働くのは多くの人にとって現実的ではない。また、誰かの役に立つということは、必ずしも「仕事」に限らない。人手不足が深刻化する将来においては、多様な「活動」に従事するシニアがますます増えていく（本章では、会社に雇われるなどして明確な金銭報酬が規定され、決まった日・決まった時間に従事するものを仕事、必ずしも決まった金銭報酬、決まった日時に実施するわけではないが、おこなっていることを活動としている）。

現役世代の人にとっては、そうした高齢期の無理のない活動がどういったものなのかを想像するのは、なかなか難しい。そこで、私たちの未来予測研究では、40人を超えるシニアの人たちの1日に密着するかたちでヒアリング調査をおこない、仕事も含めて無理のない範囲で取り組める社会活動がどのようなものか、その実態に迫った。

本章ではヒアリング調査に協力いただいた人たちの事例を紹介することで、「高齢になっても幸せな生活と両立できるような活動」がどのようなものかを明らかにしていきたい。

本研究におけるヒアリングは、何かしらの仕事や活動をしている、というシニアを対象に実施した。対象者にはその仕事や活動の具体的な内容から、はじめようと思ったきっかけ、やっているなかでやりがいのある点や大変なことなどを聞いている。ヒアリングに参加いただいた人たちがおこなっていた具体的な仕事や活動の内容は次ページの図23、24にまとめた。

シニアがさまざまな活動をする理由

高齢者が仕事をする動機として、収入は大きい。ただ、現役時代のような給与を稼げるが負荷の高い仕事というよりも、収入水準はそこまで高くなくても負荷の低い「小さな仕事」の観点がより大事になっている。

たとえば、高齢期の家計では、扶養する家族がいない世帯であれば、年金の給付に加えて月10万円程度あれば十分なケースも多い。すると、施設管理の仕事や負荷が軽い作業、ほかの労働者の補助的な仕事など、現役時代のような負荷が高い仕事でなくてもいい。

さらに、高齢期の生活を展望すれば、稼得収入を得る仕事以外の活動も含めて、活動の範囲が徐々に広がっていく人も多い。ヒアリングにおいて、複数の人が現在おこなっている活動として答えていたのは、町内会など地域における活動、家庭菜園などの農作業、マンションや公

図23：ヒアリング参加者がおこなっていた仕事一覧

●図書館における書籍の貸し出し	●ホテルにおける接客
●公立小学校の特別支援、クラスの介助員	●顧問社労士
●小学校校舎の保守・管理	●駐車場における交通誘導
●学童のティーチング・アドバイザー	●ワクチン接種会場の清掃・消毒作業
●預かり保育	●事務所の清掃作業
●障害を持つ児童の支援員	●賃貸アパートの庭掃除
●交通指導員	●特別養護老人ホームの調理補助
●公園管理（清掃・剪定・除草など）	●介護施設の送迎
●個別指導塾で学生を指導	●訪問介護
●児童館のスタッフ	●受配電設備の点検
●公民館の管理	●倉庫における軽作業
●化粧品・健康食品などの代理販売	●列車見張り員
●パソコン教室の運営	●柑橘栽培
●アロマサービス事務所の運営	●居酒屋における接客
●立体駐車場の管理運営	●機械部品の検査
●中小公益法人における経理事務	●食品倉庫内でのピッキング
●イベント運営会社の事務補助	●病院での給食配膳
●企業における資料などの翻訳業務	●ドラッグストアの品出し
●保険代理店の営業	●惣菜の調理

図24：ヒアリング参加者がおこなっていた活動一覧

●小学生の通学案内
●小中学校の評議員
●町内の協議会（防災活動や河川の清掃）
●地域活性化のための諸活動
●近所の神社の管理保全
●近所の缶・ペットボトルなどの回収や清掃
●地域老人クラブの会計
●町内会の自治会長
●地域の年金者組合役員
●近所の雪かき
●地域の歴史をブログにして発信
●ゴミの分別作業
●聴覚障害者の支援活動
●高齢者の安否確認コーディネーター
●マンション駐車場の雪かきなど管理
●自宅マンションの管理、組合理事長
●貸農園における野菜の栽培
●家庭菜園
●公園の草刈り
●歩道側面の草木刈り
●山林におけるまき収集
●新聞へのコラム投稿
●かばんリュックなどの製作
●趣味関連の動画を作成、YouTubeにて公開

共施設の清掃・管理といったものである。

こうした活動に従事するきっかけはさまざまだ。たとえば、町内会やマンション管理組合で前任の長が引退した際に頼まれ引き受けたなど、人から働きかけられたことがきっかけになっているケース、外に出て体を動かすためや、地域の人とつながりをつくるためというケース、単に暇だったからなんとなくはじめたといったケースなどの声が多数あった。

ヒアリングにおいては、何か「大きな目標を持ってはじめた」という人はあまりおらず、逆に言えば、**まわりから背中を押してくれるような働きかけがあると、こうした活動が社会により広がっていく**ものと思われる。

仕事であれ、それ以外の活動であれ、労働供給制約社会においてはその人の年齢にかかわらず、こうした活動を広げていくような環境の創出が求められる。

シニアの小さな活動が現役世代を助ける

労働供給制約が深刻化していく2040年に向け、仕事にかかわらず高齢期に無理なく活動する人が増えることの重要性を踏まえ、私たちが実施したヒアリングの結果から、高齢期に人々がおこなっている活動の実態を探ってみよう。

ヒアリングからは、人生の後半に多くの人々が、これまでしていなかった活動に参加する姿が浮かび上がってきた。どのような社会へのかかわり方があるのだろうか。

活動の一つとして、農業があった。農業というと大規模なものを思い描く人も多く、ハードルが高いと感じる人もいるだろう。しかし、実際にヒアリングをしていくと、退職後に大規模な農業をはじめたという人は少数派であり、多くは小さな農園を運営するかたちでの活動になっているようだ。

70代前半の中村さん（仮名。以下、本章すべて同じ）はドラッグストアでパートの仕事をしながら、畑の管理もしている。収穫した作物は自家消費に加えて近隣の人たちへ譲ったり買ってもらったりしている。こうした活動も社会とつながり、誰かの役に立つ有力な手段になっていることがうかがえる。

「畑は借りているのですが、この周辺では退職してから畑をやる人は多いですね。私は水やりなどがあれば、午前8時から9時半頃に畑に出かけます。

夏野菜や秋冬野菜など、いろいろ育てているので、収穫がないのは1～4月ぐらい。畑仕事がないのは1～2月ぐらいで、あとは何だかんだと仕事があります。収穫したら家庭で使っているのですが、余ってしまうので地域の方にあげたり、買ってもらったりしてます。

畑仕事は、人とかかわるいい機会になるんです。最近も幼稚園の園児たちが畑に来て、大根やタマネギをとってくれました。子どもたちは大きな大根を収穫して、ワーワー騒いでいました。幼稚園に行くと、野菜のおじさんって言われます。野菜を通じて地域に根付くようで、おもしろいですね」

次に紹介する70代後半の渡辺さんも、国家試験の運営サポートの仕事をパート勤務でしながら、町内の活動に精を出している。町内会の活動のメインとなるのは小学生の交通誘導。そのほか消防訓練などにも参加している。

「町内会では平役員をやっています。町内会の役員が交代で月2回くらいずつ、近所の交差点で小学生たちの登下校の時間に通学の補助、管理、指導をしています。消防訓練は3カ月に1回ぐらいですが、訓練のサポート役として参加しています。また、年に一度の夏祭りの際には補助業務もしていますね。こういった町内活動の実施に加わっています」

こうした「交差点での見守り」は、過去には学校の教職員が授業の前におこなっていた地域もある。保護者が付き添わざるをえないこともあるだろう。しかし、シニアが小さいながらも何かを担うことで、教職員や保護者たちといった現役世代の働き手を結果的に助けているのだ。

ほかにも地域での活動の方法は多数ある。地域の老人クラブに所属しているという男性も、クラブの活動を通した地域貢献に従事している。結果としてどんな人を助けているのか、想像しながら読んでいただきたい。

「老人クラブに入ったのは2000年ぐらいですかね、62～63歳の頃だったと思います。きっかけは会社を退職したからです。仕事がなくなると人との付き合いがなくなってしまうから、何かしないといかんなと思って入ったんです。

実際の活動は海岸の掃除が多いですね。近くには有名な海岸があって、そこを掃除したりしています。あとは共同墓地の掃除や地域の花壇の手入れをしたり。大変なこともあるけど、知らなかった人とも話すようになりますし、顔見知りにもなるので、そういうのはいいですね」

無償だとどんどん担い手がいなくなる

さて、高齢者がおこなっている活動だけでなく、高齢者が従事している仕事も、じつにさまざまである。働き方という点に焦点をあてると、自営業やフリーランスという就業形態は、高齢期に仕事をするうえで有力な選択肢である。

次に紹介する五十嵐さんは、自営業として地域の公民館でパソコンに関する講座を主催している。講座は週3日、日によって午前か午後に2～3時間ほど授業を受け持っている。現在の仕事をはじめたきっかけは、中高年のときの失業だった。

「働いていた会社がつぶれてしまって。それで、職業訓練に行ってはじめてパソコンのソフトの使い方を学んだんです。それから検定を受けたりして、それが自分にすごく合っていました。ちょうど市内のあちこちでパソコン教室ができた頃で、私も何軒か見て回って、それで自分でやってみようかなと思って立ち上げたのが現在につながっています」

五十嵐さんはパソコン教室での指導という仕事をしながら、社会福祉協議会における高齢者の見守りの活動にも参加している。この活動も五十嵐さんにとっては日々の生きがいにつながっている一方で、待遇面での課題を抱えていることもわかる。

「社会福祉協議会で、地域で独り暮らしをしている高齢者の安否確認のコーディネーターをやっています。近所の人が独り暮らしの人の様子を見て、私のところにその報告を持ってくるので、ひと月分まとめて事務局に提出するという仕事です。

私が直接見に行くわけではなくて、実際に現場を確認するのは担い手さんです。何時頃に買い物に行ったとか、娘さんが来ていたとか細かく書く方もいれば、安否を○や×と書くだけの人もいるので、そうした情報を取りまとめるのが私の役割です。

ただ、担い手の方が今どんどんいなくなっています。報酬がゼロという理由もあると思います。だから、少額でもお金を払うなどして有償ボランティアにしていかないと、今後ますます担い手がいなくなってしまいますよね」

小学校の用務スタッフをして社会へ恩返し

地域での活動に関しては、町内会やクラブ活動など一定の組織に属しておこなう活動が含まれるが、そうした組織に入らずに活動している人もいた。普段、学校の用務スタッフとして働いている大橋さんは、通勤がてらゴミ拾いをするのが日課になっている。

「職場まで20分間歩いて出勤しているのですが、タバコの吸い殻や近隣のコンビニエンスストアで買ったカップの容器などが捨てられているんです。店舗や住宅の前なら住民が掃除するのですが、陸橋や跨線橋など人が住んでないところのゴミは誰も拾わなくて。そうした場所に落ちているゴミを拾って袋に入れていくと、片道で袋いっぱいになります。

同じようなことをしている人も近隣にいて、このエリアはあの人が、このエリアはこの人がやっているからと、お互いに棲み分けながらやっています」

小学校の用務スタッフの仕事は多くを稼げる仕事ではないが、その代わりに業務の負荷はほどほど。仕事や日々の活動を通じて社会に何かしらの貢献をしたいという思いは変わらない。

「用務スタッフの仕事のいいところは、子どもの素直さを感じられることです。たとえば、特別支援学級の児童たちが向こうから駆け寄ってきて『きれいにしてくれてありがとう』などと言ってくれたり。お礼を言われなくても、学校をきれいにしている姿を子どもたちが目にして、何か児童の発育成長に資するところはきっとあるんだろうなと感じます。

そういう意味で、自分もかつて小学校に6年間通って、当時は思いも寄らなかったけれども、いろいろな人のお世話になって育てられたことへの、回り回っての恩返しにはなるかなと。働いていたときの年収や肩書きなど経歴に依拠して余生を暮らす人ももちろんいるだろうけれど、むしろそうではないところに生きがいを見つけていけたら。次世代を担う子どもたちが気持ちよく学校で過ごせることに満足感を得られる人には、この仕事はもってこいだと思います」

高齢期の生活と両立する仕事・活動の3要素

シニアが取り組む高齢期の小さな仕事や小さな活動について、実例を紹介した。

各地域においてシニアでも取り組むことができる仕事や活動の幅が広がっている。そして、こうした力を労働供給制約となる社会に活かしていく観点からは、何よりその仕事や活動自体が自身の利益になることが大切である。

いくらシニアの力が社会的に必要だと訴えても、それがシニア自身にとってメリットにならなければ広がっていくのは難しい。高齢になったとき、自身の生活をより豊かにし、かつ社会へ無理なくつながり貢献していくためには、そのなかから自身の嗜好やその時々の状態に合った仕事や活動を選んでいく必要がある。

今回のヒアリングからは、幸せな高齢期の生活と両立する仕事・活動の要素として重要な3つのポイントが見えてくる。

❶ 健康的な生活リズムに資する
❷ 無理がない
❸ 利害関係のない人たちとゆるやかにつながる

一つめのポイントは「健康的な生活リズムに資すること」。仕事を通じて起床や就寝の時間が安定して生活リズムが整うことは、活動をするうえでの利点となりうる。

これはおそらく定年前の人も潜在的には意識しているのだろうが、定年後の就業者は加齢にともなう自身の健康への不安の高まりもあって、それをより強く意識している様子がうかがえた。仕事に限らず、何かしらの日課があることが日々の健康な生活につながる。定年後も働き続けている人からは、「仕事を通じて生活リズムを整えている」という発言が多く聞かれた。

体を動かすことへの言及も多かった。仕事やプライベートを通じて毎日一定の歩数を歩くことを大切にしている高齢者は多い。歩くかどうかにかかわらず、家の外に出る機会として仕事を利用している人もいた。定年後の就業者は、仕事を通じて生活リズムを整え、健康的な生活を実現する手段として仕事を活用している。

第二のポイントは、「無理のない仕事」である。つまり、過度なストレスがない活動が好ましいということである。

ストレスに対するスタンスは、定年前と定年後で明らかに異なる。定年前の就業者であれば、自身の成長のために、多少無理をしてでも活動の量や質、責任などを追い求める傾向がある。もちろん定年後の就業者も、仕事において成長を求めていないわけではない。しかし、彼らは何らかの活動で過度なストレスが生じるのであれば、あえてその仕事を拡大させるような行動はとらないことが多い。

第三のポイントは、「利害関係のない人たちとゆるやかにつながる」活動である。孤独は人の幸福度を下げると言われているように、生活を営むうえで人とつながることは重要である。この点、定年後の人たちにとって、自身の活動を通じて人とのつながりを持てることは、幸せに生活していくうえで重要な要素となっている。

しかし、人とつながれば何でもいいというわけではない。定年後の活動として望ましいのは、「利害関係のない人たち」と「ゆるやかに」つながる活動のようだ。つまり、「利害関係のある人たち」と「強固に」かかわる活動は望ましくないということである。こうした関係性は互いに強い利害関係が発生することから、一定の緊張感が生まれる。

また、簡単に絶つことができない強固なつながりは、良好な関係を築き続けなければならないという義務感に通じ、ときに閉塞感を生じさせる。シニアの方々の話を聞いていると、定年後においてはもはや人間関係に大きなストレスがともなう活動の仕方を、人は望んでいないのではないかと感じる。

一方で、定年後に幸せに活動を続けている人は、利害関係のない人たちとのつながりを持っていた。さらに、それはいつ解消してもかまわないような、ゆるやかなつながりであった。

現役世代の人にとっては、社会への貢献は日々の仕事と同義になっているという人も少なくない。しかし、高齢期に関して言えば、社会とのかかわり方やそこでの貢献のあり方はさまざまである。

人のためになる活動は、何も現役時代のように一生懸命に働くこととは限らない。自身のできる範囲の活動に取り組むなかで、社会への手助けや貢献をしながら、同時にそうした活動を自身の日々の生活の豊かさにつながるように活かしていくことができれば理想的だろう。

労働供給制約社会を迎える将来の日本。生産年齢人口が減少するなか、人数が増えていく高齢者層の力を活かさなければ、現在と同じ水準の生活の維持は困難だ。しかし、「シニアはもっと社会に貢献せよ」と号令をかけるだけでは持続可能でないのは明らかだ。

労働供給制約を乗り越えるために、今後の日本に不可欠な発想は、高齢期の小さな仕事、小さな活動である。個々人の体力や気力などとも相談しながら、無理のない範囲でできる仕事や活動をはじめ、続ける人が増えていくことが重要になっていく。

それが結果として、誰かの何かを助け、自分のためにもなる。シニアが小さな仕事、小さな活動をすることを促すような仕組みづくりが、求められているのだ。

第9章

解決策❹

企業のムダ改革とサポート

労働供給制約に対して、「会社ができること」はなんだろうか。機械化・自動化への設備投資と、人的投資（賃上げなど）という二重の投資は、今後会社が生き残るための必要条件となるのは間違いない。さらに何ができるかということだ。

労働供給制約に対する打ち手は大きく2種類であり、需要を減らすことと供給を増やすことだと述べた。じつは、会社にはこの両方に対して強力な打ち手がある。それは一言で言えば、「ムダ改革」による労働需要圧縮と、「職場でのソーシャル・サポート」による人々のさまざまな活動の支援である。

それでは、一つずつ見ていこう。

労働需要を圧縮する「ムダ改革」

労働供給制約社会への打ち手として、人の力を拡張する機械化・自動化やワーキッシュアクトなど、人の仕事の新しい地平を切り開く提案をしてきた。しかし、さらに掘り下げて考えると、今のすべての労働需要が本当に必要な仕事なのであろうか。

なくすべき業務がある、という視点で会社内の業務を見直す必要があるのではないか。ムダな業務に費やしている時間を個人が取り戻せば、ワーキッシュアクトに参加できる人も増えるかもしれない。最新のテクノロジーを学び、実装する時間もつくることができるかもしれない。何より、「ムダをなくす」という誰しもが大事だと考えてきたことは、労働供給制約下においては社会全体の労働需要を圧縮するという新しい使命を帯びているのだ。

私たちは、この点について現状を確認すべく、企業内のムダな業務について定量調査（「企業のムダ調査[37]」）を実施した。

本調査ではまず、27のムダな業務（図25）の多さについて尋ねた。経営者・役員には自社の業務、組織長には自組織の業務、就業者には自身の業務について尋ねている。

経営者・役員が「ムダがよくある・多い[38]」と回答した上位3業務は、次の3つだった。

（37）2022年12月実施。回答者については以下3グループについて対象とした。「経営者・役員」向け設問：企業規模10名以上の経営者、役員（有効回答数466）「組織長」向け設問：正社員かつ課以上の組織の長（有効回答数481）※回答人数は性別で割り付け。「就業者」向け設問：上記「経営者・役員」「組織長」に加え、自営業者、正社員、契約社員、派遣社員、パート・アルバイト社員を含む（有効回答 数2771）。「生活者」向け設問：上記「就業者」に加え、学生を除く無業の人を含む（有効回答数3383）※回答人数は、性別、年代、居住エリア、職業形態で割り付け。結果の詳細は以下に掲載されている。https://www.works-i.com/research/works-report/2023/forecast2040_muda_data.html

（38）5肢選択式で4または5の回答者である。

●システムがない・古いことで、紙でやらざるをえない業務・作業
●不必要に細かすぎたり、必要以上に高い品質を要求される業務・作業
●頻度や1回あたりの業務量が多過ぎる業務・作業

自社のシステムに関することと合わせて、2番目、3番目のムダな業務からわかるのは、取引先との関係でせざるをえないことが想起されているという点だ。

取引先が指定してくる時間とロット数が現場の仕事にも繁閑《はんかん》の差を生んでいたり、微に入り細を穿《うが》つような確認にそれは本当に必要なのかと考える経営者が多いことが透けて見える。経営者の回答からは会社内だけでなく、このムダの問題が産業構造や商慣行に起因していることがよくわかるだろう。

次に、組織長が「ムダがよくある・多い」と回答した上位3業務は以下である。

●自分では必要性を感じないが、上司や関係者が必要だと言うので実施している業務・作業
●簡単な方法があるのに、わざわざ面倒だったり時間がかかる方法でやっている業務・作業
●業務の関係者の能力・努力の不足の穴埋めをするための業務・作業

組織長の答えは、会社内のムダの問題がどこにポイントがあるかを考える重要な材料を提供

図25：「企業のムダ調査」で調査した27項目

1	頻度や1回あたりの業務量が多過ぎる業務・作業
2	成果や実施の目的がわからない業務・作業
3	システムがない・古いことで、紙でやらざるをえない業務・作業
4	簡単な方法があるのに、わざわざ面倒だったり時間がかかる方法でやっている業務・作業
5	手戻りが多い業務・作業
6	ほぼ自分自身の出番はないが、念のために参加している場や、それにともなう業務・作業
7	不必要に細かすぎたり、必要以上に高い品質を要求される業務・作業
8	誰かのミスや対応遅れなどで発生する手待ち時間
9	品質に影響がないのに、上司や関係者の志向や好き嫌いに対応するための業務・作業
10	自分では必要性を感じないが、上司や関係者が必要だと言うので実施している業務・作業
11	上司や関係者間の方向性や意見の不一致に対応するための業務・作業
12	上司や関係者からの支援が不足するなかでおこなう業務・作業
13	業務の関係者の能力・努力の不足の穴埋めをするための業務・作業
14	部外者からの思いつきでのアドバイスや提案に対応するための業務・作業
15	ポイントが曖昧、長い、同じ話を繰り返すといった上司や関係者に付き合う時間
16	付き合い仕事、付き合い残業
17	長時間働いてがんばっていることをアピールするための労働時間
18	「働いていない」と上司や周囲から思われるのを避けるために使っている労働時間
19	いつか利益につながる、日の目を見ると信じられているためにおこなっている業務・作業
20	残業代を確保するために、増やしたり、のんびりおこなっている業務・作業
21	自身の能力の不足によって発生している業務・作業
22	自身の成長のためにあえて引き受けている業務・作業
23	自身の評価・評判を高めるためにあえて引き受けている業務・作業
24	必須ではないが、付随的な得があるためにおこなっている業務・作業
25	お客様を過剰にもてなすサービスに費やす業務
26	社外に、いい顔をするために、駆り出される業務・作業
27	他社でも実施しているという理由で、深く考えずに自社でも実施している業務・対応

している。上司や関係者が必要だと言えば、やらざるをえない。昔からのやり方があるのであれば変えることができない。できない人がいれば組織長が責任をとってやらざるをえない。

とくに1番目、2番目の回答からは、声をあげて解決へ向かって取り組みをおこなうことが解決への近道に違いないが、それが難しいのだ。

さらに就業者が「ムダがよくある・多い」と回答した上位3業務は以下である。

●システムがない・古いことで、紙でやらざるをえない業務・作業
●簡単な方法があるのに、わざわざ面倒だったり時間がかかる方法でやっている業務・作業
●自分は必要性を感じないが、上司や関係者が必要だと言うので実施している業務・作業

働き手の目線で何がムダかということだが、会社内のシステムがないという点を挙げる回答者が多く、くしくも経営者と現場の働き手の課題感が共通していた。2番目、3番目に多かった回答も組織長と共通している。

こうしてみると、経営者、組織長、就業者（働き手）と課題感は比較的共通していることがわかる。立場の違いを超えて、ムダな業務の認識は共有化されつつあるのだ。

「システムがない・古いことで、紙でやらざるをえない業務・作業」「簡単な方法があるのに、わざわざ面倒だったり時間がかかる方法でやっている業務・作業」――。誰も何も言わないの

かもしれないが、こういった業務に、その会社の社長から部長・課長、従業員まで、働くすべての人が課題感を持っているのだ。

週に6〜7時間はムダな仕事をしている

次に、経営者・役員、組織長、就業者に、「自社、自組織、自身の業務におけるムダの割合」について尋ねた（図26）。

経営者・役員のうち、69・5％が自社になんらかのムダな業務があると回答した。全体の7割が「うちの会社にはムダな業務がある」、言い換えればそぎ落とせる労働需要があると考えているということだ。

なお、全業務のなかでムダだと思う業務の割合は平均で16・0％であった。自社の業務の約6分の1がムダであると経営者は考えていることになる。さらにそのなかで、ムダな業務の割合が「30％以上」と回答した人は27・4％であった。

組織長では、72・6％が自組織にムダな業務があると回答した。こちらも約7割だ。全業務のなかでムダだと思う業務の割合は平均21・7％で、これは組織長が自分の1週間の仕事のうち1日はムダな仕事だけをしている（5日のうち1日の割合）と考えていることになる。なお、

図26：ムダな業務識の認識

<table>
<tr><th colspan="2">回答者</th><th>経営者・役員</th><th>組織長</th><th>就業者</th></tr>
<tr><th colspan="2">対象業務</th><th>自社の業務</th><th>自組織の業務</th><th>自身の業務</th></tr>
<tr><td colspan="2">何らかのムダを認識している</td><td>69.5%</td><td>72.6%</td><td>56.6%</td></tr>
<tr><td colspan="2">30% 以上のムダを感じている
（※全回答者に占める割合）</td><td>27.4%</td><td>37.1%</td><td>23.6%</td></tr>
<tr><td rowspan="2">上記、何らかのムダを感じている人のうち</td><td>自分で減らせるムダがある</td><td>84.9%</td><td>84.8%</td><td>71.9%</td></tr>
<tr><td>自分で減らせるムダの割合
（※全業務中に占める割合）</td><td>21.8%</td><td>20.0%</td><td>17.4%</td></tr>
</table>

ムダな業務の割合が30%以上と回答した人は37・1%であった。

そして就業者では、56・6%が自身の業務にムダがあると回答した。全業務のなかでムダだと思う業務の割合は平均14・9%。ムダな業務の割合が30%以上と回答した人は23・6%であった。

これも興味深く、経営者や組織長と比較して、就業者のほうが「ムダがある」とした人の割合もムダだと認識している業務の割合も低い。

この結果によれば、平均的には現場の働き手ほど労働効率がいいのかもしれないし、はたまたムダと認識する暇もなく日々の仕事に追われているのかもしれない。実際がどちらなのかはわからないが、調査から明らかにわかるのは、組織長クラス、ミドルマネジメントに仕事のムダについての大きなポイントがあるだろうということだ。

いずれにせよ、**会社の自分の業務については、社長から従業員までを平均すると、おおよそ15~16%前後の業務がムダだと感じていた。**これは1週間に40時間働く人で言えば、毎週6~7時間くらいは誰にとっても意味のない仕事に従事していることとなる。

また、自社、自組織、自身の全業務のうち「30%以上がムダ」だと回答した人が2割超いることは、驚きの結果ではないだろうか。**「週のうち2日弱は仕事のムダに労働時間をとられている」と考えている人が2割以上存在している**のだ。

ムダの抽出と削減を徹底する企業が生き残る

さらに、何らかのムダがあると回答した人に、「ムダを全部で100とした場合、あなたの力で減らせそうなものは、どれくらいありますか」と尋ねた。

自分で減らせる自社のムダがあると回答した経営者は84・9％、平均で21・8％のムダを減らせるとの結果になった。自分で減らせる自組織のムダがあると回答した組織長は84・8％、減らせるムダの割合は平均で20・0％である。自分で減らせる自身の業務のムダがあると回答した就業者は71・9％、減らせるムダの割合は平均で17・4％となった。

経営者、組織長、就業者ともに、多くのムダを認識しており、自分の力で減らせるムダもあるとしているにもかかわらず、実際にはまだ多くのムダが業務のなかに横たわっているのが現実だ。「仕事のムダをなくそう」という掛け声に反対する人はいない。誰しも思いは一緒なのにもかかわらず、進捗しない難しいテーマであることは理解できる。

この点について掘り下げるため、調査では企業の視点だけでなく、生活者としての視点から、企業の提供するサービスへの考え方やサービス低下に対する許容度合いを回答してもらった（図27）。サービスは受けられるだけ受けたいという生活者の心理も垣間見える一方で、企業がよかれと思って提供しているサービスも不要とする意見も見られた。

「企業のサービスには、過剰なものが多いと感じる」かという質問に対して、「あてはまる」

図27：生活者が感じる企業サービスの過剰感

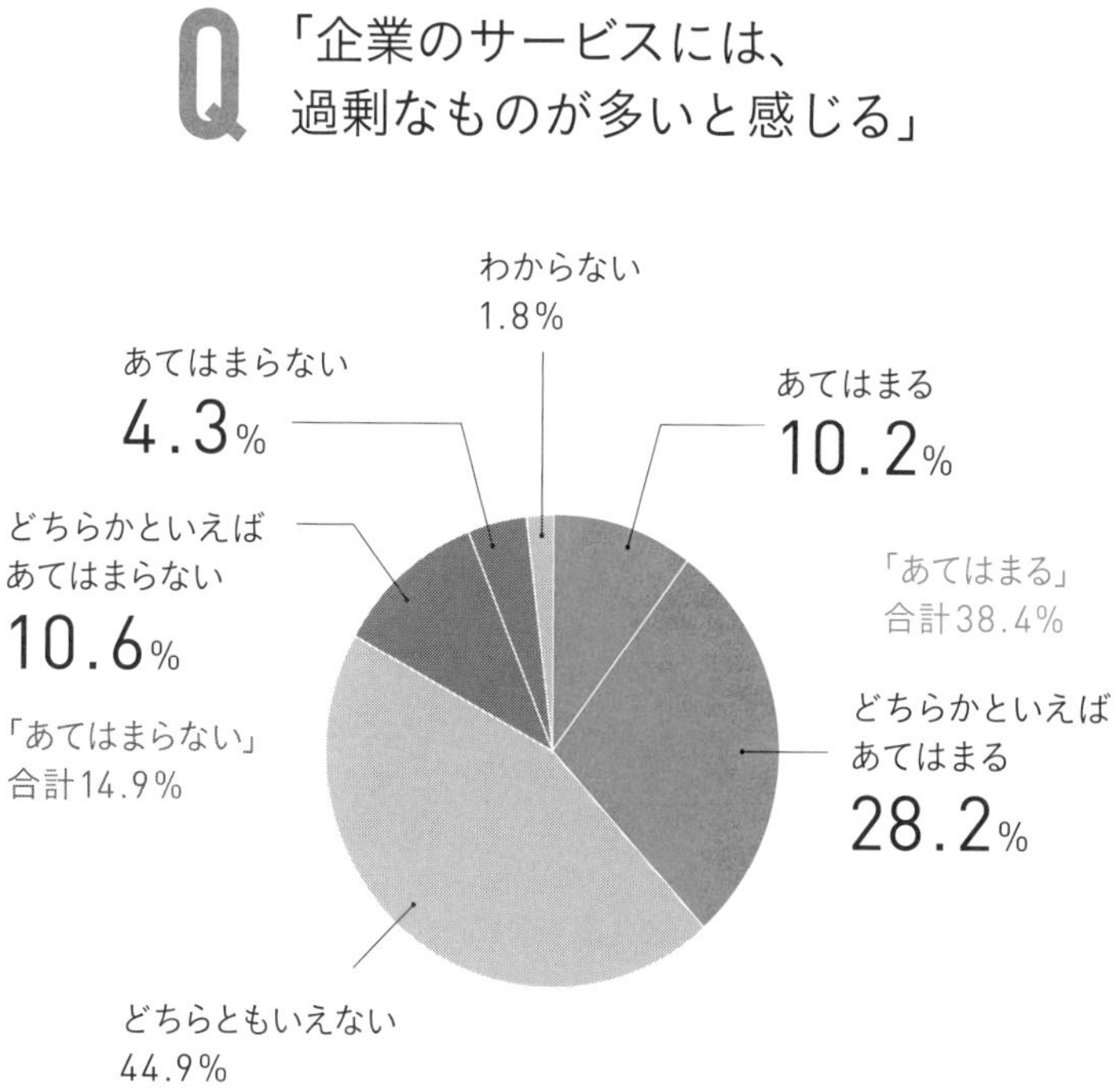

は合計で38・4％に達しているのだ。本当に生活者視点・顧客視点に立ったときに、そのサービスは必要とされているのだろうか。企業の思い込みのために、過剰な負担を働き手に課していないだろうか。

本当にやらなければならない仕事（＝必須の労働需要）なのか、という点についても調査では興味深い結果がわかっている。たとえば、「飲食店で飲み物はセルフサービス」となった場合に「確実に以降の来店をやめる」と答えた回答者は、じつに1・6％に過ぎなかった。「やめることにつながる」と回答した人も8・1％に過ぎず、両方を合わせても1割にも満たなかったのだ。「気にならない」「むしろそのシステムのほうがいい」と回答した人が90％以上いたことになる。

「おもてなし」と考えられてきたが、消費者側はあまり気にしていないのかもしれない。「コンビニエンスストアの24時間営業」についても、「必要」と答えた人は30・2％で、「必要ない」は69・8％であった[39]。

労働供給制約下では働き手こそが最も稀少な経営資源だ。また、会社としても社会としても、無意味なムダな仕事に働き手を回す余力はまったくない。企業が顧客と対話し、本当に必要なサービスを極めていくプロセスに、業務削減の余地はまだたくさんある。

こうしたムダをなくしたうえで機械化・自動化を進めることは、個人の働き方の自由度をも高めるだろう。「一見ムダと思えることのなかにも学びがある」「社内のほかの人がムダを許容している」「取引先が言うから」といったあきらめを一度やめて、ムダの抽出と削減に手を尽くすことが、労働供給制約下で生き残る人材力の高い企業の要件となるのだ。

社外活動を促進する「職場でのソーシャル・サポート」

労働供給制約に対して会社ができることとして、もう一つ私たちが注目するのは、じつは「職場での支援が、社外での個人の多様な活動を促進している」ことだ。

労働供給制約が進むなかで、生活維持サービスが社会的に行き届かなくなる未来においては、人々の多様な活動を仕組み化することが重要だ。しかし、日本の多くの社会人が本業と家庭以外の活動に参加できていないという実態がある。[40] この本業以外の活動について、じつは会社が大きな役割を果たしていることがわかってきた。

(39) リクルートワークス研究所、2023、「企業のムダ調査」エグゼクティブサマリー
(40) 大半の人が、「本業以外の場面で支援活動に参加できていない」と回答しているが、本調査において、フルタイムの働き手が「ボランティア活動」「地域コミュニティ活動」に参加している割合は、わずか15%であった。

この点に関して、リクルートワークス研究所では会社に雇用される就業者を対象とした調査[41]を実施した。焦点をあてた本業以外の活動は、具体的には次ページの図28のとおりだ。

さらに、会社が職場において積極的に支援をしていることと、就業者が本業以外での活動に参加していること、その関係性を確認した結果が図29である[42]。

端的に結果を紹介すれば、本業以外の活動の多さは、職場での支援の多さと相関していることがわかる（職場での支援活動が低群から中群、高群となるほど、各活動の参加率が上昇する）。職場での支援が本業以外の活動につながったのか、その逆か、その因果関係までは明らかではないが、職場での支援が境界を越えて波及する可能性を示唆する結果となっている。

(41) 今回の調査では、フルタイムの働き手が本業以外の活動に参加できていないという懸念に端を発していることから、会社勤務の20～50代の正規の社員・従業員を対象とした。なお、調査方法はインターネット調査とし、全国1513人から回答を得た。

(42) 職場での支援については、「わからない」「まったく十分に受けていない」から「とても十分に受けている」の7段階で聞いている。またここでは、その得点が3未満を「低群」、3以上5未満を「中群」、5以上を「高群」としている。

図28：「本業以外で誰かの何かを助けるような活動」の内容

活動の種類	具体的な活度内容
ボランティア活動	子どもの教育活動や運営の手伝い、参画
	介護・医療施設の活動補助や運営の手伝い、参画
	周囲の住人の生活の手助け (雪かきや草刈り、買い物の補助など)
	自身の家族以外の子どもの子育てや育児の手伝い
	自分の家族以外の高齢者や介助が必要な人の 生活などの手伝い
	そのほかのボランティア活動
地域コミュニティ活動	町内会、自治会、マンション管理組合などの 地域活動
	道路沿いや公園など公共空間の清掃活動
	地域の子ども、高齢者の見守りや送迎
	消防団、防犯活動、交通安全活動などの地域の 安全に関する活動
	農作業や森林整備などの活動

図29：「本業以外の活動」参加率と「職場での支援活動」への参加度（低・中・高群）

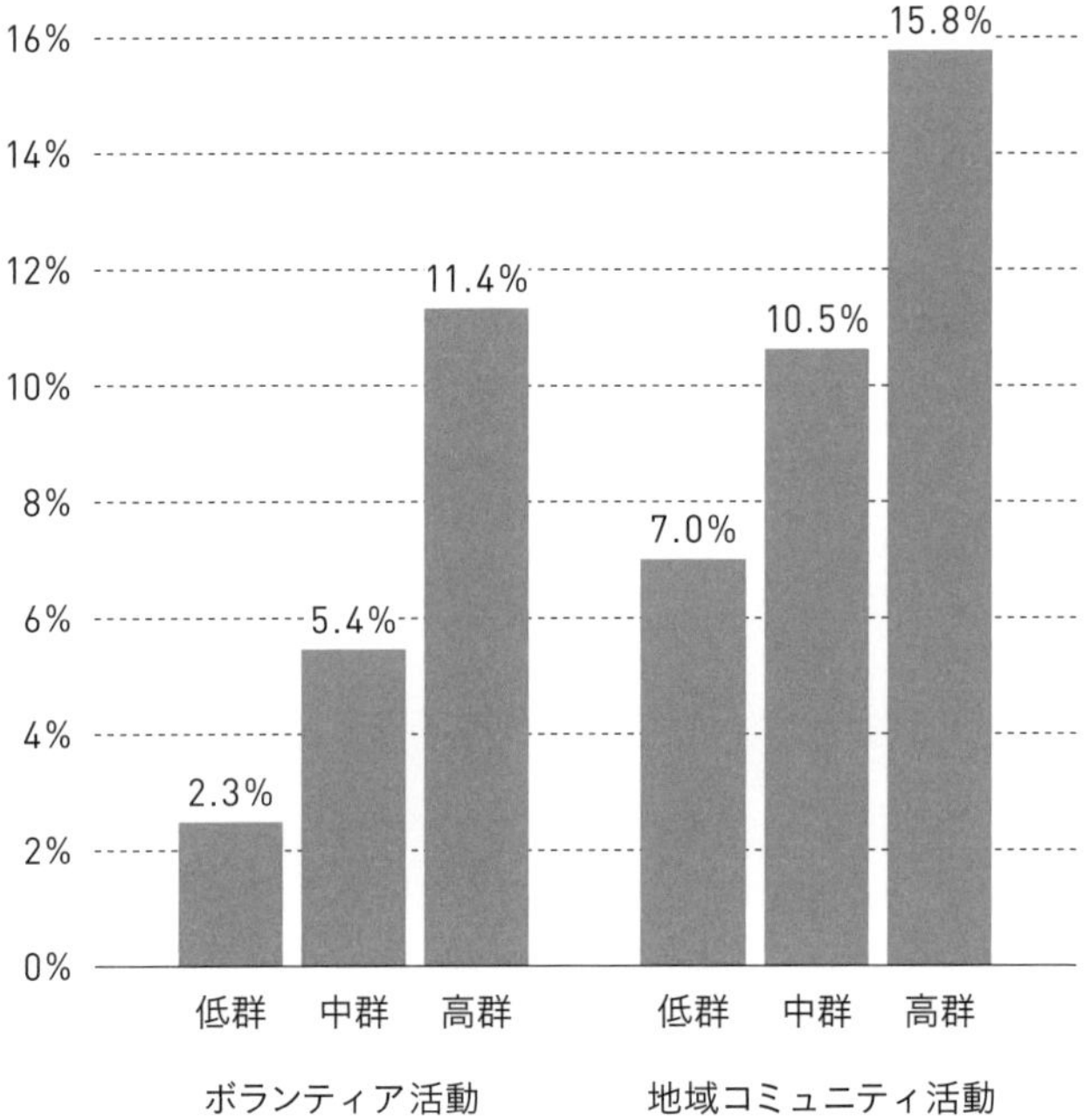

「会社の仕組み」が社外活動をサポート

さらに、会社の仕組みづくりの話をしたい。会社は本業以外の活動をおこなう個人に対してどんな（隠れた）支援をしているのだろうか。[43]

本業以外の活動へ参加している者としていない者に分けて、所属する会社が持つ仕組みに対する評価を集計した。分析結果は次ページの図30に示すとおりである。すべての項目において、本業以外での活動に参加している者の得点が高くなっており、いずれの仕組みも、本業以外の活動にまで関係していることがうかがえる。[44]

とくに、本業以外の活動への参加率を上げている仕組みをいくつか挙げると、参加率の上位から「①上司との定期的な面談」「②集合研修・ワークショップ」「③社員同士での飲食の金銭的補助」となっている。**上下関係から社内の横の関係づくりまで、職場での支援が、じつは職場の外にも波及し、人々の本業以外の活動をサポートしている**のだ。

(43)「人間関係形成の仕組み」は、（それぞれの仕組みが存在している前提で）各仕組みが人間関係の形成において「役に立っているか」否かの二択。また図30の図表は、職場の支援活動への積極度合いに応じて分類した3群の者が、人間関係形成の仕組みとして評価しているものを選択した結果を集計している（複数選択可としている）。

(44) t検定を通じて、社外の支援活動への参加の有無の差は、「会社総会など、社員全体で集まる機会」は10％水準で、「社内報」「固定席でないオフィス（フリーアドレス）」は5％水準で、その他は1％水準で有意であった。

図30：「会社の仕組み」と「本業以外での活動」との関係

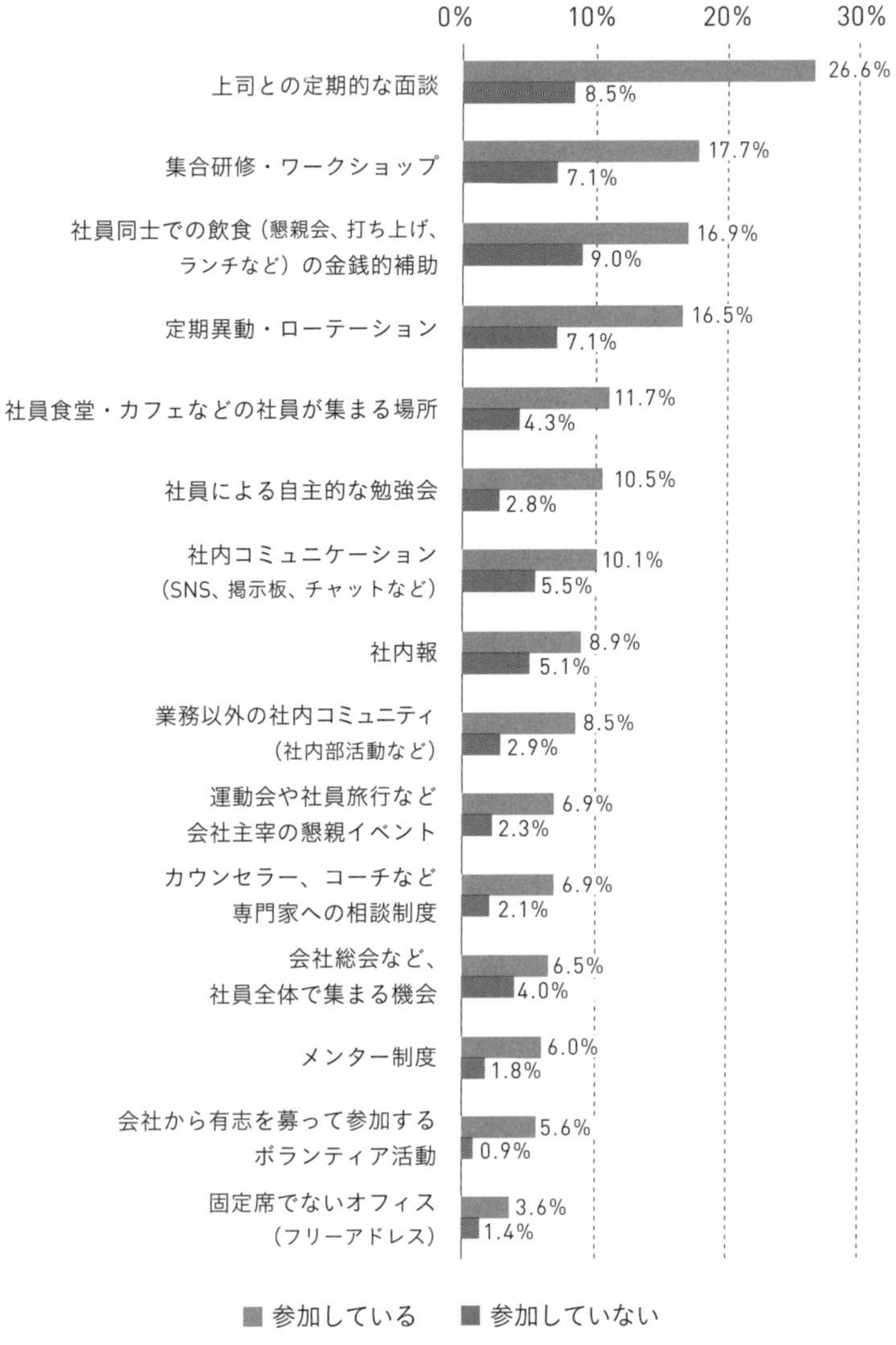

※本調査の項目は、リクルートマネジメントソリューションズ、RMS Message 2019.05、職場におけるソーシャル・サポート実態調査の設問を参考に作成している。

会社ができる労働供給制約の解決策

高度経済成長期から平成の時代を通じて、「会社」という共同体は個人の生活に大きな役割を果たしてきた。その存在感は近年、間違いなく低下してきているが、労働供給制約社会において会社の役割は、なお大きなものだと私たちは考える。

それは本章で取り上げた「本業の仕事のムダをそぎ落とし労働効率を高めること、そして個人が多様に活動できる時間を創出する」こと、また、「職場の支援によって本業の外側でも活躍する個人をエンパワーメントする（力を与える、自信を与える）」ことだ。見えてきたのは、こうした持続可能な社会のためのプレイヤーとしての企業の姿である。

日本の経済社会には「三方よし」や「企業は社会の公器」といった企業観が存在している。持続可能な経済活動が重要視されるなかで、灯台もと暗しの関係であった従業員との関係性を再考する企業も増えている。こうした動きを労働供給制約が加速させていくのだ。その先には、日本発の企業観の転換が待ち受けているのかもしれない。

第10章

2040年の〝新しい〟働き方

労働供給制約という危機。その危機への打ち手が展開された先にあるのは、構造的な人手不足であっても持続可能な社会を実現し、危機を契機にして人の仕事が大きく変わっていく近未来の日本の姿である。

解決策に着手すれば〝10年の猶予〟が生まれる

本章では、私たちの提唱する解決策を実行した場合のインパクト、つまり「労働需給におけるギャップを、解決策の実施によってどの程度縮められるのか」を推計する。ここでは「打ち手」のうち、機械化・自動化とワーキッシュアクトによる影響を考える。

機械化・自動化によるロボットや設備は、単に人の仕事を減らすだけでなく、人の力を拡張し、人の仕事を支える新たな労働供給主体と位置づける。また、ワーキッシュアクトとして、本業の仕事に限定されない人の多様な活動により労働供給を拡大させるケースを想定し、推計をおこなった。

この推計を「解決策実現シナリオ」とし、第1章で最初に提示した「ベースシナリオ」と比較する。

機械化・自動化においては、職種別に実施した有識者・関係企業へのヒアリングの回答で得た機械化・自動化の進捗率予測を勘案し、2040年の労働供給を押し上げる効果として加味した。また、ワーキッシュアクトは、定量調査の結果を用いて、現在ワーキッシュアクトを低頻度で実施している群が高頻度実施群へ、無実施群が低頻度実施群へ、2040年にかけて日本に暮らす人が少しずつ活動頻度を増した状況を想定した(45)。

シミュレーションの結果、解決策実現シナリオでは以下の変化が見られた。

- 2030年時点で供給不足が28・7万人にとどまる（ベースシナリオでは341・5万人の不足）
- 2040年時点で供給不足が、493・6万人である（ベースシナリオでは1100・4万人の不足）
- 解決策実現シナリオでも、2032年頃から労働需給のギャップが大きくなる

(45) 本研究では労働供給制約という課題に対し、機械化・自動化、ワーキッシュアクト（この注釈中ではWAとする）という二つの中心的な解決策を想定。それぞれ、専門家や企業へのヒアリングをおこない、WAでは働く人への調査も実施した。結果に対して研究所内で議論をおこない、将来の自動化率、WA参加率を推定、労働供給を引き上げる要素としてモデルに組み込んだ。自動化率については、専門家・企業の2040年の代替率の中位予測値を参考に設定した。WAでは定量調査より、現在WAを低頻度で実施している群が高頻度実施群へ、無実施群が低頻度実施群へ、2040年に向かって線形に増加するモデルとして設定した。なお、自動化率、WA参加率を供給側に組み込んだ理由は次のとおり。自動化ではロボットやテクノロジーが職場に導入され、人とともに働く像が見えてきた。そのため単に労働供給を代替するのではなく、人と協働する存在として自動化を位置づけた。WAも従来の労働ではないかたちで人々が社会参加し、供給を代替するものとして位置づけた。

大きなポイントは解決策実現シナリオにおいて、２０３０年時点ではほとんど供給制約が見られないことだ。**早期に解決策に着手することで、生活面への悪影響の発生を２０３０年まで遅らせることができる。**都道府県別のシミュレーションにおいて２０３０年の段階ですでに10％前後の労働供給不足が生じている地域が複数あったことを考えても、解決策に着手するための猶予はない。手を打つのが1日遅れれば、生活崩壊が1日早まる。

他方で、機械化・自動化およびワーキッシュアクトによって労働供給量を構造的に増進させても、２０３２年以降に労働供給量の不足は回避が難しいことも解決策実現シナリオが明らかにしている。

さらなる構造的な解決策が必要

こう考えると、機械化・自動化とワーキッシュアクトという、今芽が出てきている取り組みを強力に促進してようやく、「労働供給制約の発生を10年遅らせることができる」と考えるべきだろう。人口動態の大波による社会変化を押しとどめることは、それほどに難題なのだ。

つまり、日本社会が持続可能であるためには、機械化・自動化とワーキッシュアクトを推し進めたうえで生まれる**２０３２年までの「10年の猶予」の間に、さらなる構造的な打ち手を**

考えなくてはならない。1段目のロケットエンジンを燃焼させた（私たちの示す4つの打ち手の展開）うえで、2段目のロケットエンジンを燃焼させる（より構造的で難しい打ち手の議論と対応）ことが必要になる。2段階の燃焼を経てはじめて、２０４０年の日本社会が持続可能になる。

1段目のロケットエンジンを２０３０年までに実行し、２０３２年まで労働供給制約の発生を遅らせ、そのうえで2段目のロケットエンジンで大気圏を突破する。これが、人口動態変化という重力を抜け出し、日本が新天地に至ることができるプロセスである。

この「2段目のロケット」は、以下のような日本の戦後の社会構造を根本的に変える論点によって構成されるだろう。

- 労働需要をそもそも減らしてしまう一手（第9章の「ムダ改革」参照）
- 居住地改革：労働負荷の低減、働き手第一の都市設計
- 移動革命：人がたくさんの地域で並行して活動することを促進する高速度の交通インフラ構築
- 外国人に魅力的な社会づくりといった抜本的な社会改革
- 働き手が得をする税制などのインセンティブ設計
- 異次元の少子化対策

労働供給制約社会の回避は困難だ。しかし、その発生を遅らせることはできる。示した打ち手の実行により生まれる「10年の猶予」の間に、構造的な解決策を考え実行することだけが、豊かで持続可能な社会を実現するための「細い道」（ナローパス）である。

確かにか細い道ではあるが、本書でも取り上げたさまざまな芽が出ていることを考えれば、すでに進むことができる方向は示されているのだ。そして、私たちの提案をたたき台に、さまざまな意見が交わされることで〝大きな道〟がつくられていくことを期待したい。

労働供給制約が「労働」のあり方を変える

さて、2040年に向けて、日本社会でどのようなことが起こる可能性があるのか。未来予測シミュレーションの〝さらに先にある予測〟を語っていこう。この予測の先の予測については、それこそ大きな話から身近な話まで、私たちが全国各地でさまざまな対話を重ねるなかで気づかされたことに基づいている。

私は大きな視点から考えた際に、労働供給制約は近代以降の社会に転換点をもたらす可能性があると考えている。より具体的に言えば、近代以降の「人間観」に転換をもたらす可能性がある。

なぜそう考えるのか触れておく。

ドイツ出身の哲学者にハンナ・アレントという人物がいる。私が大学院時代に読んだ手元の書籍[46]の著者紹介には、「現代のもっともすぐれた女性政治思想家」とある。ナチスドイツの迫害を逃れ、全体主義を生み出した現代大衆社会の病理の検証を課題として活動した人物だ。詳しいところは、アレントの著作や種々の解説をご参考いただきたい（専門ではないため）。

一つ触れたいのは、ハンナ・アレントが主著の一つである『人間の条件』にて、人間の行動（『人間の条件』ではこれを〝活動力〟と呼ぶ）を「労働」「仕事」「活動」の3つに分類していることについてだ。

この3つの語は以下のように定義される。[47] もとの文章はかなり難解であるため、かっこ内に筆者の解釈を加えていることを容赦いただきたい。
●労働…生物として新陳代謝をおこなうためにおこなわれる（食べていくための行動とでも言えようか。賃金を稼ぐための行動）

（46）ハンナ・アレント、志水速雄訳、『人間の条件』、ちくま学芸文庫、1994。以下のページ表記は当該書籍のものである。
（47）P19～20。

●仕事…個々の生命を超えて永続するものを生み出す（芸術や文化作品の創作などがそれに当たるだろう）

●活動…他者とかかわる行動。多数のなかの1人として、社会の形成にかかわること（誰かの何かを助けたり、役に立ったりなど〝他人にかかわる〟ことだろう）

アレントは、近代社会はこの3つの行動のうちの、労働が最も高く評価され、他を従属させたと指摘する。[49]

この点が重要だ。つまり、労働（時間の経済的換算を第一義的な動機とする行動、もっと言えば賃金労働）によって、人間のさまざまな行動の価値が金銭に換算されてしまう。歴史を超えるような芸術作品も当然のように金銭換算されるし、また、労働や仕事ではないさまざまな人間の行動でもその価値を「かかった時間×時給」などで換算し、どうしても損得を考えてしまう（筆者もそうだ）。「労働」が人間のさまざまな行動の序列トップになったのが、近代以降の人間社会なのだ。[50]

労働供給制約は、近代以降のこの流れを転換する可能性がある。人間の行動におけるさまざまな人とかかわる部分（＝「活動」）の領域の重要性が増し、重要性が増すために促進され、その結果として「労働」自体のあり方を変えてしまうのではないかと考える。

もし人間が、「活動」としておこなっていることで「労働」を代替できるとすればどうだろう。「活動」によって「労働」のつらい部分をなくせるとすればどうだろう。アレントは人間の行動が〝労働か遊び〟かの2区分でしか見られなくなってしまったと言っているが、[51]〝遊びが労働の代わりになる〟仕組みがつくられたらどうなるだろう。

労働供給制約という慢性的な人手不足の現場のなかで、たとえばその労働を担っている人のタスクの一部が、誰かのワーキッシュアクト（＝アレントの「活動」の一種）によって補われる仕組みが、その圧倒的な現場の人手不足の必要性をエネルギーに増えていく。そのとき、人は「労働」のつらい部分を生活のためといって我慢し続けるだろうか。もっといいやり方があるのではと考えはじめないだろうか。

また、その「活動」によって得られるさまざまな対価は、「労働」の価値の再考を迫ることになる。ロボットやAIを徹底的に活用しなくては立ちゆかない現代日本に芽吹きつつある、シニアの小さな活動やワーキッシュアクトの動きからは、「活動」によって「しごととは何か」「はたらくとは何か」といった点が問われ、再構築されるプロセスが起きつつあるのではない

(48)「私たちが何をしようと、それはすべて『生計を立てる』ためにしていると考えられている」（P189）。
(49) アレントの著作は極めて難解であり、ここでの紹介も訳者解説にかなり拠っていることを注記しておく。
(50) なお、アレントは「労働」がほかの行動を従属させた近代以降の状況について、直接的にはいいとも悪いとも言及していない。
(51)「すべての真面目な活動力は、それが生み出す成果にかかわりなく、労働と呼ばれ、必ずしも個人の生命や社会の生命過程のためではない活動力は、すべて遊びという言葉のもとに一括されている」（P189）。

か。

労働供給制約の現場を見ていて、今後起こる人間観の転換について、私たちは考えざるをえなかった。そして、転換点に立つ社会がよりいい方向に進むために、以下の論点を提起したい。

行政・ルールメーカーができること

労働供給制約社会を豊かな社会にするための論点を、ここに列挙していく。労働供給制約には私たちが把握しきれない論点の広がりがあるが、考えるスタート地点になれば幸いだ。

●労働法は雇用中心・拘束主義のままでよいのか

労働供給制約下において、人間の労働は社会における最も稀少な資源である。現在の労働法では、労働を時間で管理する面が強く、また雇用関係を中心にしている。多様な働き方でさまざまな人々が少しずつでも豊かな担い手になるために、こうした工場法以来の雇用中心・拘束主義の労働法で人々の安全・安心な活動を保証できるのか。

また、労働時間で管理した場合の前提である「オフィスにずっといる」ことが本当に職務に専念していることなのか。多様に活躍する個人をサポートする枠組みを考えなくてはならない。

●仕事以外の社会的な活動にインセンティブを与える

ワーキッシュアクトは多様な報酬を設計できる。行政はこの報酬設計を後押しできるのだ。たとえば、ドイツには数百万人規模の人が従事する「ミニジョブ」という制度が存在する。少額だがほかの仕事をしながらできるミニジョブには、制度的に、その収入が月520ユーロまで非課税であるという金銭的インセンティブがある。

もちろん、単なる不安定な就労になってはいけないが、本業の仕事があったうえでプラスアルファの活動を促す制度として参考にすべきではないか。

●領域特性ごとに戦略策定する

労働供給制約に直面する領域では、政府によるシナリオがある領域とない領域が混在している。シナリオがある領域の代表例が介護・医療である。ただ、日進月歩の技術開発に制度改正が追いつくのは至難の業《わざ》だ。省力化や担い手の多様化に向けた投資をいかに制度的に評価すべきか、シナリオがある領域ではその仕組みを検討する必要がある。

他方で、政府によるシナリオがない領域の代表が宿泊や飲食業である。こうした領域の問題は、たとえばある地域で業務を機械化・自動化できる機械を導入しても、それが他地域では条例的に導入できないケースが存在することだ。まずは共通の土壌を用意すべきだ。

● 〝誰が何の問題として扱うのか〟問題を解消する

本書で扱った問題はすべて労働供給制約という社会問題に対するものだが、行政においては複数の部局にまたがって扱われる（地方創生、産業労働、女性・高齢者の活躍、生涯学習、福祉など）。ただ、実際には「誰かの労働需要を誰がどうやって満たすのか」というシンプルな問題だ。解決策は多様な人の力と機械の力を活かし地域で必要な力を提供していく「トータル・サプライ・コーディネーション」（総合供給調整）しかない。教育機関が地域に必要な人材を輩出するために地元企業と連携した行政が特定の学科などに支援をおこなったり、都市部からの副業人材のマッチングをおこなったりという総力戦の政策立案が求められる。

企業・雇い主と行政ができること

● 機械化・自動化などの省力化に先行投資

経営資源の面でも人が稀少資源になるため、機械化・自動化による省力化のための投資が採用面、定着面、育成面、利益率、株価……あらゆる面で大きなインパクトを持つことになる。

重要なのは、自由な競争環境をつくるための企業評価の仕組みづくりである。省力化にどれだけ投資し、人の労働時間をどれだけ削減できているのか。３Ｋ職場をどれだけ減らせているのかなど、企業にも情報開示の工夫が求められるし、行政はそうした情報開示の工夫をすくい上げて制度に反映していく必要がある。

●柔軟な働き方を認める

第7章の調査からは、ワーキッシュアクトをおこなっている人材の多くに、リモートワークの機会が一定程度あることがわかっている。また、企業の人事制度や福利厚生が後押ししている可能性も示唆されていた。

こうした事実からわかるのは、「企業がワーキッシュアクトなどの仕事外での活動を促すことができる」ということだ。そうした企業の制度には、労働供給制約下において社会的な価値がある。個社の自発性だけに依拠せず、社会が評価し企業にインセンティブを与える仕組みが求められる。

●社員の業務外の活動を、せめて邪魔しない

柔軟な働き方を促すことは難しいとしても、企業にできることがある。社員の業務外の活動を邪魔しないことだ。社員が自社のために、24時間365日専念する労働契約など、どこにも存在しないのだ。

●「雇用を守ることが会社の存在価値」ではないと認識する

もちろん、社員の生活を保証したいという理念は素晴らしいものだが、労働供給制約社会においては少し違った哲学が必要になる。もし雇用を守るためにムダな仕事をつくり出して社員にさせているのであれば、それは社会にとってもマイナスであるし、もっと社会が求めている仕事で持続的に働くチャンスがあったかもしれない社員にとってもマイナスだ。

●業務のムダを徹底的に排除する

第9章の調査から判明したとおり、企業には「なくせるとわかっているが、なくしていないムダ」が多く存在している。日本社会にムダな業務を遂行する人材の余力は1人たりともない。ムダをなくすことが、企業の秘められた大きな社会的責任となる。

個人ができること

●企業への過剰な要求が自分たちの首を絞める

労働供給制約下では、消費者が労働供給の担い手でもあることを求められるシチュエーションが増える。たとえば、セルフ会計の小売店が増えているが、セルフサービスという労働供給を求められているのだ。

こうした状況では、企業への過剰な要求は最終的に自分が支払うコストに跳ね返ってくる。セルフサービス店舗でスタッフへ過剰なサービスを求めれば、その店舗で働きたいスタッフがいなくなり、代替できる人員の確保が困難なため、企業はその店舗を閉鎖せざるをえないかもしれない。そのツケは利便性低下や価格上昇などのかたちで過剰な要求をした者が負担することになる。消費者が単なる消費者でいられないのが労働供給制約社会だ。

●いろいろな自分を楽しむ

人間は生まれながらにして、マルチロール（役割が複数あること）な存在である。仕事の自分、学ぶ自分、子どもの自分、親の自分、住む自分、遊ぶ自分……。労働供給制約は、いろいろな活動をする小さな力が大切になる。その際のキーワードは「楽しい」ことだ。豊かな人生が、持続可能な社会をつくり、そして、さらに豊かな人生につながる。そんな好循環を起こすことが最終目的地となるだろう。

未来予測❶「消費者と労働者の境目が曖昧になる」

本書の最後に、私たちが考えるさらに大胆な未来予測を述べておきたい。私たちが整理した論点が議論された先の、日本の未来に待ち受ける変化についてだ。

その変化は、たとえば「消費者と労働者の境目が曖昧になる」「働き手が神様です」「労働が楽しくなる」といったものだ。いきなり何を言い出すのかと感じられたかもしれないが、各所での対話から浮かび上がってきた労働供給制約がもたらす近未来の姿を順に解説していこう。

機械化や自動化の研究をしていて気が付いたことだが、とくに現業系や対人関係の仕事において人間は非常に優秀だ。極めて多機能だし、精緻な仕事から大胆な仕事まで瞬時に切り替えて対応することが可能で、さらに環境変化にも強い。こうした人間の個別のタスクの一部分を機械によって代替しようと試行錯誤されている。この試行錯誤について言えるのは、消費者側が少し歩み寄れば機械ができるタスクの範囲が一気に増えるということだ。

たとえば、飲食店において本格的な導入がはじまっている配膳ロボットについて考えよう。人間が配膳をおこなう場合には、食べ物の載った皿をトレイなどに入れて運び、消費者（注文者）の座席まで行き、一つひとつ注文した人の前にトレイから食べ物の載った皿を置いていく。これで完了である。ロボットがこの配膳タスクのすべてを２０４０年までに実行するのは、私たちの検証からもほぼ不可能であると結論が出ている。では、どうすればいいのか。

方向性は二つある。一つは消費者が機械に歩み寄ることだ。配膳ロボットの事例では、消費者の座席まで来たロボットはそこで食べ物を届けたことを音声で知らせると、あとはただ〝待っている〟。配膳の最終段階の〝注文した人の前にトレイから食べ物の載った皿を置いていく〟タスクは消費者自身が担っている。

つまり、労働者が担っていたタスクを消費者が少し担うことになる。それによって持続可能なサービスを提供することが可能になる。ほかにもスーパーでのセルフレジも同様の発想だ。つまり、**労働供給制約下においては労働者のタスクを消費者が一部担うことで、持続可能にすることができる**。

もう一つの方向性は、現場の環境自体をロボットの労働に合わせてつくり替えることだ。先ほどの配膳ロボットの事例では、現状は人間が働くこと前提、つまり〝ロボット・フレンドリー〟な店舗設計になっておらず、消費者側の行動によってはまったく機能しないことがある（たとえば、少しゆったりと椅子を引いたり、床にトランクケースを置いておくと、配膳ロボットは移動ができず、人間の店員さんが「すみませんが……」と走り回ることになる。[52]もちろん消費者側にロボットに対

（52）筆者は、飲食店で子ども用の椅子を設置していたところ、配膳ロボットが配膳できなくなるとのことで外した経験もある。環境変化に対して人間の働き手がいかに強いかわかる話だろう。

して悪意があるわけではない）。

これを防ぎ、配膳ロボットが人間以上に職責を果たすためには、たとえば通路の幅を広くしたり、座席の設計をロボットに合わせたり、配膳トレイや皿のかたちを統一・重量調整をしたりといった設備・環境整備が必須になる。これと類似する話として、山間部のドローン配送の実証事業において、段ボールの規格の統一が必要だと議論されている。

消費者と労働者の境目が曖昧になること、〝消費者が担う労働〟が増えることで、機械が活躍できる。機械を活躍させるための環境整備が進むことで、その境目は今よりも曖昧になっていくだろう。

未来予測❷「働き手が神様です」

かつて「お客様は神様です」という言葉があったが、労働供給制約社会においては、「働き手が神様」になる。お客様と働き手の数が不均衡になるわけだから、働いている人が大事になるのは当然のことだ。

この際に大事な視点は、大切な働き手をどう支えるか、という発想だ。企業の投資、客からの支援、法制度などさまざまな観点で働き手をもり立てるようになる。企業は人材を確保するために、経営戦略を変え、資金を調達し、新商品を開発するようになる。(53)働き手を確保することなしには、機会損失が積み上がるばかりだからだ。企業経営においても「働き手は神様」なのだ。

客からの支援も大事な要素になる。たとえば、フードコートで食べ物の注文のために客が並んでいる状況を想像してみよう。

口頭で注文するためにはその注文を受ける働き手が必要になるが、その働き手の人数には限界があるので客の行列ができる。本当に口頭で注文する必要がある客以外が、別の手段(古くから自動券売機があったし、それが進化したタッチパネルも浸透してきた。個人が持つ携帯端末からの注文など)で注文をすれば、延々と終わりなきルーティンワークを繰り返している働き手も、待ち時間が減る客も、機会損失を減らせる企業側もハッピーなのだ。客が働き手を支援する発想で、誰もがハッピーになる仕組みを生み出すことができる。

制度面でも、〝働き手になったほうが得をする〟仕組みをつくらなくてはならないのは言うまでもない。わかりやすいのが税制だ。現状は所得に対して課税される所得税などの税は、当然ながら働き手のみにかかっている。国の財政に占める割合として、働き手にだけかかる税負担の比重を下げていくことが否応なく必要になっていくだろう。

(53) このうち、経営戦略についてはすでに〝パーパス経営〟などとして顕在化していると考えられる。

また、扶養控除など、労働時間とリンクして税制や社会保障の支援が変化する制度が存在するが、こうした制度は働き手が〝一定以上は労働しないほうが得〟という仕組みになっていないか総点検する必要がある。「働き手が神様」になっていくなかで、働き手が正当に報われる社会システムを構築しなくてはならない。

また、「働き手が神様」の社会では、お金を支払ってもサービスが提供されない場合が増える。提供先を選ぶのは働き手であり客は選ばれる側なのだ。一部の法律により普遍的な提供が義務付けられているサービス（郵便など）を除けば、こうした動きが加速する。すると、たとえば働き手が多くいるところのほうが住みやすい、という状態を生み出す。その結果、働き手や現役世代が集まる地域は、高齢者にも魅力的になる。

こうした傾向は働き手への魅力をベースにした、〝人気のある地域〟と〝人気のない地域〟の差を拡大していく。その差は大都市に集中するというだけではなく、各地方、各地域の間で広がっていくのだ。働き手のための仕組みづくりの競争がはじまろうとしている。

未来予測❸「労働が楽しくなる」

突拍子もないことを言うようだが、労働や仕事は楽しくなると考える。単純な話で、楽しくないと労働供給が増えないからだ。企業発で、事業展開に必要な人員を確保するために、自社の仕事を楽しくしようとするインセンティブが強くなっていくのは間違いないと考える。

すでに人材の獲得合戦の様相のIT技術者に対して、各社が競ってリモートワーク可能なことをアピールしたり、週休3日も可能であることを提示したり、はたまたサバティカル休暇[54]を導入してみたり、といった動きがこの端緒だ。

地方の課題意識の高い経営者が、自社の事業所の執務スペースを小洒落たコワーキングスペースのようなものに改装しているのをよく見かけるが、これも「自社で働くことを少しでも楽しくしよう」というトレンドのはしりのように感じる。今後、人材の確保に向けてさまざまな労働条件、労働環境のアイデア競争が起こるだろう。

労働供給制約の影響をもう1点言えば、賃金は上がっていく（上がって楽しい、というわけではないかもしれないが嬉しくはあるだろう）。これも単純な話で、賃金が上がり労働需要を抑制し労働供給を増やさないと、需要と供給がマッチしない[55]ためだ。労働供給制約下では賃金が上がることで以下のようないいことがある。

(54) もとの意味は「研究休暇」。大学などの研究者が教育や学務といったほかの業務に煩わされず、本来業務である研究のみに集中する期間のこと。なお、〝サバティカル〟で研究休暇の意味があるため、厳密にはサバティカル休暇は休暇の意味がかぶっているが、日本においては〝サバティカル休暇〟と使われることが多いため、このように表記した。

(55) 労働経済学では〝労働需給曲線が均衡しない〟と言う。

- 機械導入の相対的なコストが下がる。人件費に比べてロボットのほうが安く感じられれば企業は設備投資を活発化し、その結果、人の生産性が上がり、つらい仕事やムダな仕事が減る。
- 可処分時間が増える。時間あたり賃金が上がれば、〝生活残業〟など労働者が賃金のためにムダに増やしている仕事が減ることにつながる。ひいては本業の仕事以外にプライベートや地域で過ごす時間が増え、その力を活かせれば社会全体に恩恵がある。
- 潜在的な働き手が顕在化する。「時給８００円じゃあ、ちょっとな……」と潜在化していた働き手も、時給が１５００円になったら「それならやりたい！」と思うかもしれない。賃金によって労働供給が増える、というのはまさにこの意味だ。

賃金が上がることで、損益分岐点を超えることが難しくなった企業が行き詰まるのが今起こっている人手不足倒産だが、**今後、引き上げられていく賃金水準は企業の持続性を問う試金石となる**。

２０２３年に入り、地方でも賃上げの話が出ることが本当に増えたが、経営者たちの話を聞いていくとその背後には、自社は賃上げに向けて取引単価を上げられるのか、上げるための優位性や信頼関係があるか、といった事業の価値そのものが問われていると感じる。社員の賃金水準を高めていくことを通じて、経営の本質が問われていくのだ。

日本の真の成長産業

日本の成長産業について一つ問題提起をしたい。

政府は成長産業への労働移動などと掛け声をかけているが、成長産業の要件を高生産性産業と定義するのであれば、現在の日本においてデータ的には情報通信業、製造業、金融保険業などとなる。

他方で、生産性が低い代表が医療・介護分野だ。これをどう考えたらいいのだろうか。医療・介護分野は生産性が低いから、その分野からたとえば情報通信業に労働移動すれば万事解決するのだろうか。

情報通信業に人材が集まり、経済効率が上がったとしても、医療や介護といった社会インフラを担う分野で人手不足が今以上に深刻になれば、「生活が破綻し仕事どころではなくなる」のは本書が指摘してきたとおりだ。生活維持サービスの労働供給の問題を勘定に入れていない「国家戦略」「成長戦略」は、日本社会のボトルネックを把握できていない空論である。経済どころか、その基盤となる社会が成立しないのだから。

そして、生活維持サービスは、その多くが労働集約的であり生産性が高まりにくい分野である。しかし、**労働集約的な生活維持サービスに人手をとられてしまえば、日本全体の生産性は一向に上昇しない**（すでに医療・介護分野への労働投入量が2009～2021年で36％も増加しており、その兆候は見られている）。成長産業と生活維持サービス、限られた労働供給のなかで起こるこの二律背反な関係をどうすべきだろうか。

そこで、一つ提案がある。「省力化産業」だ。

省力化産業とは、ＡＩやロボット技術などの最先端技術によって人の仕事を省力化し、楽しく、豊かで、多くの人が参加できるものにつくり替えていく産業のことだ。第６章で介護や建築・土木分野などの先進的な企業を紹介したが、それは省力化産業の芽と言えるだろう。

単なる〝生成ＡＩの活用〟では、生活維持サービスを支える人の仕事はほとんど代替することができない。単なる〝先端技術を用いたビジネス〟では労働供給制約は解決できないのだ。そこには必ず、「先端技術×現場の仕事の課題」の観点が必要になる。

介護の現場で、建設の現場で、物流の現場で、人手が不足するなかでいかに安全かつ安心で持続的なサービスを提供するかが社会課題となるなかで、省力化産業へのニーズは極めて大きくなる。また、労働供給制約という社会課題の先頭を走る日本こそが、その分野でイノベーションを起こすことに有利な環境を形成していける。

つまり、省力化産業によって、労働集約型の生活維持サービスを成長産業にするのだ。まずここに資本と人材を集中することによって、はじめて人手の取り合いの二律背反を脱し、労働供給制約の隘路を脱出できるのではないか。

そのためには、先端技術への関心を持ち、あわせて生活維持サービスの現場を経験、体感した人材を輩出していかなくてはならない。リスキリングでプログラミングを学んだ、というだけではない、現場のリアルを体感する学び直しがあわせて必要だ。逆に、現場のリアルを実感している人たちに最先端技術を優先的に学習してもらうことも有効だろう。

日本の真の成長産業は、アメリカや中国のプラットフォームビジネスやビッグテックの分野で正面から戦うことではなく、労働供給制約という日本が先行する環境を活かした強い社会課題を背景とするビジネス、「省力化産業」なのだ。

資本の集中ではアメリカや中国には決してかなわない。しかし、省力化産業の先端的な現場は日本にしかないのだ。あらゆる国が持つ要素技術が、労働供給制約という人類社会の次の課題の現場で試すために、日本に持ち込まれる。この強みを活かす、先端技術×生活維持サービスの現場からなる「省力化産業」を育てていかなくてはならない。

2040年の二つの日本

最後に日本社会の2040年の姿を、2つの未来像としてまとめた。両者に存在するのはわずかな差かもしれない。そのわずかな差が生じる分岐点に、私たちは差しかかりつつある。

危機の「危」：座して待った2040年の日本

2020年代半ば以降、日本は前例なき時代に入った。

危機感はとくに地方で強く、一部の経営者や自治体のリーダーが待ったなしの挑戦を起こす。しかし、いくつか現れた成功事例が「うまくいったケース」以上に取り上げられることはない。労働供給制約という通底する問題の解決のための試行錯誤と位置付けられることもなく、膨大な失敗が注目されるとともにしぼんでいった。

国内企業のホワイトカラーの仕事は生成AIやDXで減少したが、生活維持サービス関連の仕事は待遇が低すぎて、余ったホワイトカラーの人たちが日本の生活維持サービスの担い手になることはなく、能力がある者から外国企業に転じる労働移動が進んだだけだった。

一方で、日本国内では「共助」や「助け合い」「思いやり」といった言葉が流行語になり、そして口癖になった。日本に住む多くの人が「我慢」をして、生活維持サービスの働き手不足に起因して生活水準が下がってしまったことを、歯を食いしばって耐えている。

こうした状況にあるため、生活する場所として魅力がない日本は、働く場所としても選ばれず、外国人も寄り付かず、著しい人手不足なのに、労働者を送り出す国の一つとなっている。外国人富裕層向けのサービスに日本の担い手が集中するのも致し方ないのかもしれない。日本人向けの生活維持サービスは担い手がいないのだが……。

他方、日本で働く人々の真面目さは健在で、GDPはその奮闘でなんとか横ばいを維持している。ただ深刻なのは、1人あたりの労働時間が増加しているのにGDPが横ばいということだ。2020年頃に縮小した年間平均労働時間はその後反転し、高水準が続いている。就業者の減少を1人あたりの労働時間増で補っているのだ。この背景にあるのは、高齢就業者の労働時間が、年金支給の開始年齢引き上げの余波などにより現役世代並みになったこと。みんな必死に仕事をしているのだ。

とくに労働生産性が元から低かった医療・介護をはじめとする生活維持サービスは、いまだに労働集約的なままである。生活維持サービスの担い手になってもらうべく、「人に役立つ仕事で働くことの意義」を教える授業が義務教育で導入されるなど、乏しい現役世代の大多数を投入して社会生活を維持しようとしている。だが、増え続ける85歳以上の高齢者たちに対して、現役世代がブラックホールに吸い込まれるように必要となり、ほかの分野も含めて人手不足は一向に改善されない。

地域に必要な企業も人手の確保ができず、廃業が相次いで日本の企業数は急速に減少、効率性を追求した画一的なサービス提供がなされる。このサービスを求めて、地方では県庁所在地のみに人々が集住することを促進する都市計画が企画された。これが「令和の一国一城令」だと批判されるが、文化的多様性を失い、日本が潜在的に持っていた文化力がしぼみ、外貨を稼げる数少ない産業であった観光の魅力も低下させている。

同時に、担い手が生活維持サービスをなんとか機能させている東京への若者の集中がさらに加速し、東京では大学設置制限や企業本社の移転推進策が打たれるが、効果は乏しい。

ボランティアや地域による助け合いなど、人々の「善意」のみに依拠した施策が功を奏すことはなく、人々はますます疲弊していく。長い労働時間・非効率な生活の組み合わせによってもたらされる日本社会の息苦しさを、若者ほど我慢などせずに去っていくのだ。

危機の「機」：試行錯誤を続けた２０４０年の日本

２０２０年代半ば以降、日本は前例なき時代に入った。

「前例がない」「まわりがＹＥＳと言わない」などと言っていては、人手不足にともなう生活インフラ減退、崩壊にともなう重大な事故を防げないために、これまでなら変わるはずがなかった日本社会の意思決定が変わりはじめる。

なんとかしなくては、という危機感はとくに地方の現場を知る企業でとても強く、一部の経営者や自治体のリーダーが待ったなしの挑戦を起こす。それは当初、膨大な失敗と「それ見たことか」という揶揄を生んだが、その挑戦のいくつかが日本の生活維持サービスの現場に革新をもたらした。

数少ない担い手、経営上最も稀少な資源となった人の力を最大限に高めることを旗印に、人への投資競争が起こり、政府もこれを加速させる。これが、長らくほとんど労働生産性が上がっていなかった生活維持サービスの仕事に、徐々にラクで豊かな現場を生み出していく。より重要なのはその現場の改善・運営を職務とする技術職・企画職が生まれたことだろう。こうした「エッセンシャル・ホワイトカラー」が新しい中間層を生み出している。

また、「省力化産業」と呼ばれる現場課題を先端技術で解決するユニコーン企業がいくつも現れたが、介護現場出身者や建設現場で働いた経験があるなど、現場課題を知悉《ちしつ》する人がはじめたサービスが母体となっていることも忘れてはならない。

GDPは横ばいだが、1人あたり労働時間は2020年頃からさらに速いスピードで減少し、職場のムダな仕事を限界まで圧縮した。時間あたりの賃金は増加、短い時間でしっかりと稼げる。労働生産性が改善しているのだ。結果として本業で稼ぎ、さらに余剰時間を活かしてさまざまな収入源を持つ人も増えるなど、1人ひとりの所得は物価上昇率を超えるスピードで伸びた。

また、生活維持サービスで人が担ってきたキツイ仕事、ツライ仕事を減らし、なくすために大量の設備投資が投じられ、さらに労働生産性が改善。これにより生活効率は上がり、便利な生活を続けられることで可処分時間が増えて、高齢者や女性をはじめとするさまざまな人が働き手として活躍しやすくなる好循環が起こった。

ツライ仕事を我慢しない発想が、誰かにとってツライ仕事を、別の誰かが娯楽や趣味として楽しんでしまう発想の転換（「ワーキッシュアクト」）も生み出した。待ったなしの人手不足がトリガーとなり、日本社会で生み出されたこのまったく新しい発想のプラットフォーマーは、日本発の世界的な新興企業を生み出すこととなる。

2020年代前半に観光公害やオーバーツーリズムと言われた問題も、「外国人観光客が旅先のアクティビティとして担い手になる仕組み」によって意外な解決を見た。たとえば、京都の寺院に宿泊し翌朝にその周囲を掃き清め掃除する旅行プランは、日本ならではの文化を体験できると世界の若者たちにシェアされた。そして、こうした取り組みが日本で生活し働くことに関心がある外国人の若者のすそ野も広げた。

確かに、日本は200年前のような「ちっぽけな国」に戻りつつある。世界経済に占める経済活動の規模も人口の割合も1990年代とは比べるべくもない。先端技術分野における特許数など技術力も、投じる資本の量が違い過ぎて米中と勝負にならない。

しかし、国際社会におけるこの異質な存在感はなんだろう。日本は超高齢化が人類社会にもたらす影響とその解決策のモデルケースとなった。それはちょうど21世紀初頭における北欧のようなイメージかもしれない。生活維持サービスの革新へ、知恵と資本を集中させ、持続可能な仕組みをつくる。それで働き手の数に余剰を生み、その革新をほかの分野にも広げていく。

ポイントは生産性向上によって人の余剰時間を生み出し、さまざまな人がいろんな場面で知恵を出したり参加しやすくしようという、新しい社会目標だ。そこでは「社会のために」ではなく「まず1人ひとりのために」、「やらなくては」ではなく「楽しそうだから」がキーワードになる。

戦後復興から約100年、バブル崩壊から半世紀。2040年の日本には、人の寿命が伸びていく21世紀を心から楽しみ、みなが幸せに暮らせる社会をつくろうとする、全世界の人々の熱意と眼差しにあふれている。

おわりに——発明の時代

本書は、「危機と希望の書」であると冒頭で述べた。労働供給制約社会という新しい社会の出現は、日本社会を、企業を、そして人を、大きく揺り動かすことになる。その変化は、座して待てば危機的な生活維持サービスの破綻という結果をもたらす可能性が極めて高いが、危機感の高まりがさまざまな打ち手を芽吹かせていることもまた確かなのだ。

そう考えたときに、私は今後十数年の日本は「発明の時代」を迎えるのではないかと感じている。

労働需要という〝必要性〟があふれ返る社会では、さまざまな新しいアイデアやイノベーションが求められることになる。もはや日本の生活維持サービスを維持するためには、「ルールはどうなっているんだ」とか「前例がない」とか「誰が責任をとるんだ」などと言ってはいられない。そんなことにこだわっていては、担い手がどんどんいなくなり、生活インフラが崩壊していくばかりなのだ。

ここで、「必要は発明の母」という人類普遍の原則を思い出してほしい。

労働供給制約に真っ先に突入する日本は、世界トップの「社会の〝必要〟大国」になる。人類の歴史を振り返れば、〝必要〟があるところに社会実装に至る発明がある。本書後半では、さまざまな方向から芽吹きつつあるその芽を見てもらった。ルールがどうとか、前例がとか、責任とれるのかとか、そんなことを言っていてはもはや地域社会が成り立たないと痛感する人々が、大きな〝必要〟の声に後押しされて社会を変えるような、まったく新しい発想から解決策を生み出す。

日本は、そんな発明の時代を迎えようとしている。

本書の執筆に関連し、本当に多くの方と意見交換をおこなった。誰もが知るような大企業の経営者から地方の中小企業の経営者、霞が関の官僚から地方自治体のみなさんまで。はたまた、さまざまな場で試行錯誤をしている方々。こうしたみなさんの意見が本書の背骨をシャンと立たせている。

そうした声を聞き、なんとかそれを社会に届けたいと書いたのが本書である。何かがこれまでと違う、何か変えなくてはならない、という声を日本の至るところで耳にしてきたが、その「何か」の一部でも、言葉にできているのならば本望である。

本書から、さまざまなディスカッションが生まれることを期待したいし、本書だけで労働供給制約という今後の社会が直面する大きな課題のすべてを語り切れているとは思っていない。この本が着火剤になって、試行錯誤の火花が散らされるのであれば、私たちもその火花散らすチャレンジに加わり、まわりを照らし暖める炎へと育てていきたい。

試行錯誤ははじまったばかりなのだ。試してからあきらめればいい。労働供給制約という危機の〝機〟を使った社会の転換は、私たちに何をもたらすのだろうか。率直に言って私の気持ちも半分は不安だが、もう半分は好奇心だ。労働供給制約社会で何が起こるのか、誰も何もわからないのだ。それが私たちの研究のエネルギーになっている。

本書を書き上げるにあたって、一般社団法人UNIVA代表理事の石原誠太氏には多大なる後押しを頂いた。石原誠太氏が各地で巻き起こすムーブメントが、今後の社会を変えていくだろうと強く感じている。

東洋大学の久米功一教授にはシミュレーションモデル構築について、ご自身の産業構造シミュレーションモデル構築のご経験を踏まえた実践的な支援を頂いた。Re Data Science 株式会社代表取締役社長の高田悠矢氏には日本銀行でのマクロ経済分析のご経験を踏まえ、シミュレーションモデル構築へアドバイザーとして参画いただいた。

また、株式会社エクサウィザーズはたらくAI＆DX研究所所長の石原直子氏には未来予測研究の構想段階から携わり、突拍子もない私の仮説「労働供給制約」を研究として掘り下げることを促してくださった。

なにより本書の成立に欠かせないのは、大手メディアに籍を置く峯田知幸氏である。強力なディスカッションパートナーとして、社会課題としての影響と解決策の議論に長期にわたって参画いただいた。そしてプレジデント社の工藤隆宏氏は、驚くべきことに報告書の発表からわずか数日後に書籍化へ向けた声を掛けてくださった。工藤氏がいなければ本書はかたちになっていないし、私が各地で聞いてきた課題感を世の中に伝える機会もなかった。改めて御礼申し上げたい。

本研究に関しては海外のメディアや国際機関からの問い合わせも多い。人類ではじめて労働供給制約社会に突入する日本に、高齢化が進む諸外国が注目しているとひしひしと感じている。海外メディアに私が伝えるメッセージはＣｒｉｓｉｓ＆Ｈｏｐｅ、危機と希望である。

執筆者を代表して　古屋星斗

著者プロフィール

古屋星斗（ふるや・しょうと）

リクルートワークス研究所主任研究員
一橋大学大学院社会学研究科総合社会科学専攻修了後、経済産業省入省。産業人材政策、福島復興、成長戦略立案などに携わる。2017年より現職。労働市場や次世代のキャリア形成研究を専門とする。著書に『ゆるい職場―若者の不安の知られざる理由』（中央公論新社）など。

中村星斗（なかむら・せいと）　※第1章の一部、第2章を担当

リクルートワークス研究所研究員・アナリスト
重工業の人事担当、リクルートで適性検査の営業や研究開発を経て現職。現在は就職活動や新卒採用に関する調査研究をおこなうほか、アナリストとして労働市場の分析に従事。筑波大学大学院人間総合科学研究科修了。

坂本貴志（さかもと・たかし）　※第5章の一部、第6章、第8章を担当

リクルートワークス研究所研究員・アナリスト
一橋大学国際公共政策大学院公共経済専攻を修了後、厚生労働省に入省。内閣府などを経て現職。著書に『ほんとうの定年後「小さな仕事」が日本社会を救う』（講談社現代新書）など。

筒井健太郎（つつい・けんたろう）　※第9章の一部を担当

リクルートワークス研究所研究員
大手損害保険会社に入社し、商品企画・開発、法人営業に従事。その後、複数の人事コンサルティング会社を経て現職。人事・マネジメント領域の研究をおこなう。

リクルートワークス研究所

1999年1月に設立された、株式会社リクルート内にある「人」と「組織」に関する研究機関。「一人ひとりが生き生きと働ける次世代社会の創造」を使命に掲げ、調査・研究などを実施する。

「働き手不足
1100万人」の衝撃

2024年2月9日　第1刷発行
2024年10月5日　第4刷発行

著者　古屋星斗+リクルートワークス研究所
発行者　鈴木勝彦
発行所　株式会社プレジデント社
〒102-8641 東京都千代田区平河町2-16-1
平河町森タワー13階
編集 (03) 3237-3732　販売 (03) 3237-3731
販売　桂木栄一　高橋 徹　川井田美景
森田 巌　末吉秀樹
編集　工藤隆宏
制作　関 結香
装丁　草薙伸行 ● PlanetPlan Design Works
印刷・製本　TOPPANクロレ株式会社

ISBN 978-4-8334-2514-8
Printed in Japan